図説

中世ヨーロッパの暮らし

河原 温　堀越宏一

河出書房新社

目次

作図・小野寺美恵

ロレンツェッティ《善政と悪政の図》市庁舎広間。

序章

中世ヨーロッパの世界——農村と都市

イタリア、トスカーナ地方の都市シエナの市庁舎広間（九人衆の間　Sala dei Nove）の壁面に、画家アンブロージョ・ロレンツェッティ（一二九〇頃〜一三四八）が、一四世紀前半（一三三八〜三九年）に当時のノーヴェ（九人）政府に依頼されて描いたフレスコ画《善政と悪政の図》は、都市（自治体）における善政と悪政がそれぞれ都市とその周辺農村に及ぼす影響を寓意的、かつ具象的に描いている貴重な図像である。

市庁舎広間（九人衆の間）の西側の壁には「悪政の寓意」と「戦争」（《悪政の効果》）が描かれ、東側に「善政の寓意」と「平和」（《善政の効果》）が描かれている。「善政の効果」の場面は、平和と正義に包まれた都市シエナの風景である。三、四階建てのバルコニーのついた建物と塔が密集して立ち並ぶ都市内の風景の前面には、向かって左側に結婚式の行列が見え、建物の前でゲームを楽しむ男たちがいる。その右手前にはダンスをしている娘たちの輪が描かれ、その右手奥の建物のなかに靴屋、学校（授業をしている教師と生徒たち）、ワインと腸詰の店が見える。ダンスをしている娘の輪の奥の建物には、仕立て屋や金細工師の仕事場、帳簿をつける商人、馬に乗った貴族がいる。

右手のワインと腸詰の店のさらに右奥には、薪を積んだ家畜とともに籠に入れた卵を持つ農民が歩いている。その手前を羊の群れと犬を連れた羊飼いが町の外へと向かって、歩いていく一方、反対に市内に向かって頭に食料品の籠を載せたり、鶏を手に抱えた農村の女性たちが入ってきている。奥では、羊毛の梱《こり》をラバに載せて運んできた農民が町のなかの織物の作業工房に到着している。また、背景の建物の屋根の上では、建築職人が修理の作業を行っている。

都市の門は開かれており、馬に乗って狩りに向かう一行と、反対に豚をつれた農民やラバに羊毛の梱を載せてやってくる者たちがすれ違っている。都市郊外の広々とした丘の続く風景には、さまざまな労働にいそしむ農民たちの姿が描かれるとともに、黄金色に輝く小麦畑やオリーヴの木々、整序された畑が広がり、画面右手前には川の流れと赤いレンガ造りのアーチで支えられた立派な橋とそれをわたる荷ラバの一行が見える。

市門の上に浮かぶ女性の擬人像は「安全」

《善政の効果》（農村部分）。

を表現しており、像の持つ巻物には、次のような銘文が書かれている。

あらゆる人々は怖れることなく自由に歩き、あらゆる人々は働き、種をまく。この都市が、この女性（「安全」）を権威の座にとどめる間は。なぜなら、彼女はあらゆる権力を邪悪から取り上げるからである。

この「善政の効果」は、反対側にある悪政と戦争により荒廃した都市と危険で不毛な周辺農村のありさまを描写している「悪政の効果」とは対照的に、明るく光と色彩に満ちた都市とその周辺の農村世界を示し、安全で脅かすもののない平和と叡智によって満たされている、理想の都市共和国シエナのあるべき姿を示している。都市内の建物の配置の作為性、畑の風景や農作業が四季の区別を問わずにすべて描きこまれていることなどからもわかるように、このフレスコ画は、都市シエナとその周辺世界を完全に写実的に写し取っているわけではもちろんない。しかし、寓意的でありながら、同時に人々の服装や建物、道のたたずまいや、木々や動物たちの姿など、中世のヨーロッパ（イタリア）の世界のありさまを私たちに伝えてくれていると言えるだろう。このフレスコ画が描かれた一四世紀前半の現実のトスカーナ地方は、飢饉や戦争によって脅かされていた不安な時代であり、「善

《善政の効果》（都市部分）。

政の効果」に描かれるような理想には程遠い世界であったと考えられるが、画家の筆が描き出したのは、都市シエナの政府が実現することを目指した世界のあるべき姿であったと言えるかもしれない。

それでは、中世ヨーロッパの人々の世界は、実際どのようなものだったのか。以下では、中世世界を構成した空間においてその中心となった農村と都市の在り方と、人々の暮らしを見ていくことにしよう。

第一部では、まず当時のヨーロッパの人口の大半が暮らしていた農村世界を取り上げる。一三世紀にとりわけ都市の社会経済的発展がピークに達し、大学の創設や托鉢修道会（フランシスコ会やドミニコ会など）の展開に示されるような、社会全体の変化が起こるまで、ヨーロッパ社会は農村を中心として動いていた。その農村も、一三世紀のうちに中世農村としての完成域に達する。そして、一八世紀に産業革命が始まるまで、農村における変化は小さかったのである。

第二部では都市世界を取り上げる。都市は、一二世紀以降、とりわけ地域の拠点として成長し、王侯貴族による領域支配のなかで、商工業者を中心に農民とともに「働く者」という第三の身分を形成していくことになる。

第三部では、農村と都市の人々の日常生活の諸相について、暦や衣食住の在り方などを、まとめて論じることにする。

第1部

農村の暮らし

中世ヨーロッパの人口の八割ないし九割を占めたと言われる農村の人々の暮らしは、どのようなものだったのだろうか。

一〇世紀末以降、ヨーロッパの農村はフランク時代の停滞期を脱し、中世農業革命とも呼ばれる技術革新の結果、小麦などの生産が増大した。同時に、それまで農民に課せられていた荘園での賦役労働が、収穫物や貨幣で納める、小作料のような年貢に取って代わるようになる。さらに、村という自治共同体が誕生して、自治都市と同じような自立した社会生活が営まれることも多くなっていった。

都市の社会経済的発展が本格化して、大学の創設や托鉢修道会の発展に示されるように、一三世紀にヨーロッパ社会全体の重心が都市に移動するまでは、ヨーロッパ社会は農村を中心として営まれていたのである。

しかし、その後は、農村も、都市を中心とする貨幣経済と分業の渦に巻き込まれていく。農村から都市へは、穀物や野菜、乳製品などの食料や、羊毛、亜麻などの手工業原料が運ばれる一方、都市から農村へは、都市で生産されるか都市経由で輸入された手工業製品がもたらされた。こうして、都市経済の活発化の結果、農村はそのネットワークに組み込まれていくことになる。このような農村の状況は、一八世紀に産業革命が始まり、社会経済全体の仕組みが近代資本主義の下で再編成されても、大きく変化することはなかった。

以下では、第一章で、農民の生活の場である村そのものがたどった歴史を考え、古代ロ

麦の種をまく農民。イングランドで制作された写本挿絵。(13世紀初め。イタリア、イモラ市立図書館)

農事暦に描かれた中世農村の12カ月。左上から右下に12カ月が横に並んでいる。14世紀初めに執筆された農書であるペトルス・デ・クレセンティイス『農村収益の書』の写本挿絵。(1460〜75年頃。シャンティイ［フランス］、コンデ美術館)

ーマ時代の農場と一六世紀以降の近世農村のはざまに位置する中世の農村の特徴を明らかにする。第二章では、農村に生きた人々の社会的地位や法的な身分状態の変遷をたどる。封建領主による支配との関係が軸になるが、農民たちの意外なヴァイタリティーが明らかになるだろう。第三章では、村と農家がおかれていた環境と空間についてまとめる。そして最後の章では、農村で営まれていた生業について、農業に加えて、牧畜や漁業、手工業、商業なども含めて説明しよう。

このほか、農村の家々、農民の食事と衣服、一生、家族、宗教生活などについては、都市民とあわせて、第三部でまとめて論じたい。

第1章

中世農村の誕生

1●紀元千年までのヨーロッパの田園地帯

農村とは、農業に従事する農民の居住地である。古代から中世にかけて、定住地としても農家の建物としても、その形には幾度かの大きな変化があった。

最初の変化は、紀元前一世紀以降、ローマ人が、ライン川以南の地域を属州ガリアとして支配した時期にもたらされる。それまでの鉄器時代の西ヨーロッパの田園地帯では、大きさや形状の違いはあるものの、木造土壁藁《わら》葺《ぶ》きの掘立て小屋が不規則に散在していたのに対して、紀元一世紀頃からローマ人の進出が活発化すると、ウィラと呼ばれる、本来は都市住民であるローマ人の別荘のような大農場が田園部に数多く建てられていった。

このようなウィラの建物の現存例はないが、石造の母屋建物を中心とするウィラの土台部分の遺跡は各地に多数残されていて、特に、北フランス・ピカルディー地方では、航空写真による調査によってその全体像が明らかになっている。そこでは、大きなウィラの場合には、長辺二〇〇メートルを超える長方形の敷地のなかに、母屋にあたる住居を奥において、その手前に、中庭を挟んで左右に農場の建物が並ぶような形式のものが、一〇〇〇ヘクタールに一つ以上という高い密度で分布していた。これらの調査からは、小規模なウィラの場合でも、一〇〇ヘクタール以上の耕地を経営するような大規模農場だったということとともに、それらに入り交じって劇場や神殿などが点在していたという、ローマの属州の都市的な田園風景が浮かび上がってくる。

ところが、三世紀末から北方のゲルマン民族の南下が本格化すると、これらのウィラは次第に放棄されていった。五世紀末からのメロヴィング朝フランク王国時代に入ると、農村は一挙に低迷期に入る。もはや石造の農家は見られなくなり、平面積にすると一〇平方メートルにも満たないような木造掘立て小屋の農家が散在するだけになってしまった。そこでは、ローマ時代以前よりも農家の規模は小さくなってさえいるのである。これらの農家に住む農民は、それぞれが属する領主に個別に年貢を納めるだけで、定住地の社会的組織としても、村とか村落共同体と呼べるような地縁的なまとまりはいまだ生まれていなかった。

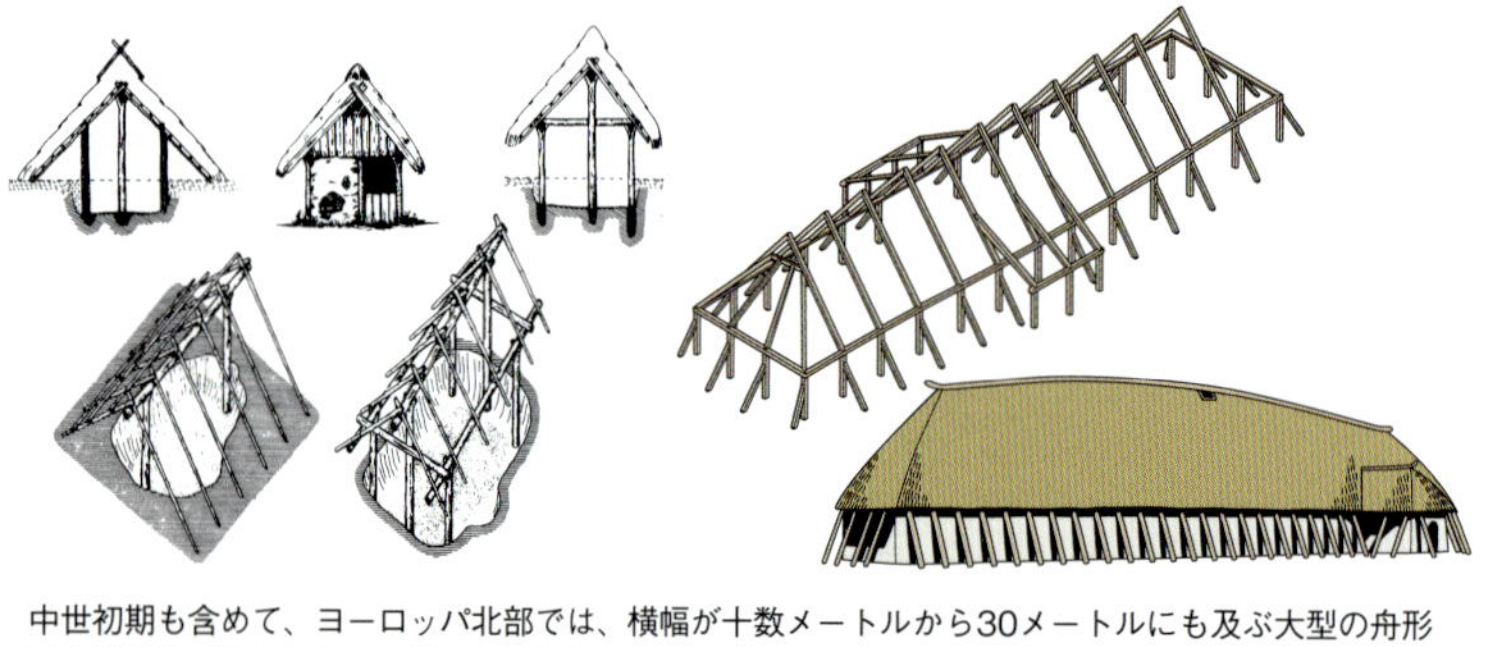

中世初期も含めて、ヨーロッパ北部では、横幅が十数メートルから30メートルにも及ぶ大型の舟形長方形建物が見られたのに対して、中央ヨーロッパや現在のフランスでは、床面積十数平方メートルの四角形の小型建物が多い。いずれの場合でも、屋根が地面にまで伸びて、柱とともに建物を支える構造になることが多かった。大小の差は、核家族か、複数世代や傍系親族が同居する大家族かという、家族構成の違いを反映していたのだろうか。右：ヴァレンドルフ（ドイツ、北ライン・ウェストファリア州）の舟形建物の骨組みと、この種の建物の一般的な復元想像図。左：グラッドバッハ（ドイツ・ラインラント=プファルツ州）の小型住居。7～8世紀。

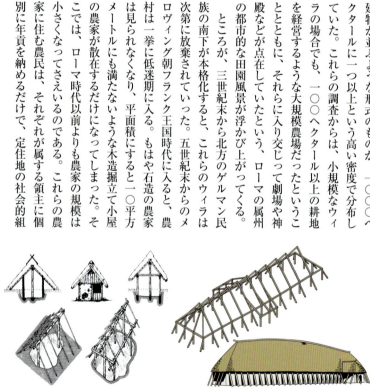

八世紀半ばに始まるカロリング朝フランク王国の時代になると、荘園《ウィラ》（この時代のウィラは、荘園とか古典荘園などと翻訳される）と呼ばれた所領に関する古文書史料は、ライン川とセーヌ川に挟まれた地域に散在する、カロリング家の王領地や有力修道院領のような、当時、もっとも先進的だった所領に関するものに限られていて、それ以外の農村のことはよくわかっていない。しかし、このような一部の恵まれた大荘園も含めて、農家の規模は、メロヴィング期に比べるとやや大きくはなるものの、木造掘立て小屋の小規模農家が散在するような田園風景に大きな変化はなかった。

そこでは、荘園に散在して居住する農民は、週三日程度、領主の直営地で農作業を行うことが課せられていた一方で、家のまわりで菜園を営んで自活することを求められていた。さらに、いまだ都市での手工業製品の生産や商取引が未発達だったこの時代には、領主であっても、食料だけでなく衣類、道具類に至るまで、必要なものの大部分を農民たちの賦役労働によって作らせるという自給自足の状態におかれていた。農民の居住する村ではなく、領主が経営するこの荘園というまとまりのなかで、農民の行う賦役労働が領主も含めた住民全体の生活を支えていたといえる。

3世紀のモザイクに描かれた古代ローマ時代の農耕風景。一番上では、牛が無輪犂を引いている。（チュニス［チュニジア］、バルド国立博物館）

ロジェ・アガシュによる航空写真を用いた研究によって、フランス・ピカルディー地方のローマ期ウィラの濃密な分布が明らかになった。その一例として、メジエール=アン=サンテール（フランス、ソンム県）のウィラの遺跡の航空写真。

ルーヴル（フランス、ヴァル・ドワーズ県）で復元展示されているメロヴィング期の農家。掘立て柱に土壁、藁葺きの小さな小屋である。

2●中世農村と村落共同体の形成

そのような西ヨーロッパ農村部の低迷状態を打ち破る大変化は、一一世紀に始まる中世農業革命が起爆剤となって引き起こされた。それに引き続く一連の変革の結果、一三世紀までに、現在に続く農村の形も定まっていくのである。

そこでは、まず、重量有輪犂《すき》の導入をベースとする中世農業革命があった。フランク時代までは、古代ローマ以来の小型の無輪犂が用いられ続けていたが、それでは、地中海沿岸地域よりも北の地域の湿潤で重い土壌を十分に耕すことはできなかった。一一世紀以降、それを可能にする大型の重量有輪犂が現れ、さらにそれを引く家畜として、牛に代わって農耕馬が用いられるようになった結果、北の重い土壌をより速くより深く耕作することが可能になったのである。同時に、カロリング時代に一部の荘園ではすでに知られていたらしい三年輪作を、村全体の共同作業として行うことも始まった。これはのちに「三圃《さんぽ》制《せい》」と呼ばれるようになる農業経営システムだが、一三世紀以降、それが普及すると、近代に匹敵する農地の効率的な利用が実現された。

　加えて、一二世紀頃からは、修道院所領などでは鉄生産の記録も現れるようになる。遅くともこの頃までには、鉄の生産が拡大して、重量有輪犂の刃先とともに、鎌、スコップ、斧などの農具にも鉄が用いられるようになったと考えられている。

　これによって端的に上昇したのが、小麦、大麦などの穀物の収穫率である。一〇世紀までは、二～四倍程度に止まっていたのが、条件に恵まれた北フランスの畑などでは、七～八倍にまでなり、農業生産力はまさに飛躍的に向上した。一一世紀以降、西ヨーロッパ各地で製粉水車の数が増加するが、それはとりもなおさず穀物の増産を意味している。

　こうして食糧事情が改善された結果、人口も増大し、増加した労働力は新たな開墾に振り向けられた。一一世紀以降に進展する大開墾運動と呼ばれる動きのなかでは、まず西ヨーロッパの既存農村に隣接する空間が農地化されたのに加えて、それまで人が住んでいなかった森や沼地、河口や海岸の浅瀬が新たに開拓されていった。一二世紀に最盛期を迎える後者のタイプの開墾の場合には、もともとの森などを所有する領主が主導する組織的な開墾事業であることが多く、その典型がドイツ東方植民運動である。イベリア半島でも、イスラーム教徒支配地域に対する征服運動であるレコンキスタが進展するなかで、戦士と同時に、農村部を開拓してそこに定住する農民が求められていた。このため、多くのフランスの農民がイベリア半島に移住してしまい、逆にフランス西南部の開発がなかなか進展しなかったほどだった。

中世の重量有輪犂は、耕作機具の構造としては、19世紀の犂とほとんど形状が変わらない。「バイユーのタピスリー」に刺繍された重量有輪犂と馬鍬。（11世紀。バイユー［フランス、カルヴァドス県］、ギヨーム・ル・コンケラン・センター）

鉄の刃先をつけた鍬とスコップを使って、ブドウの木の根元を耕している。（1260年頃。フランス、ブザンソン市立図書館）

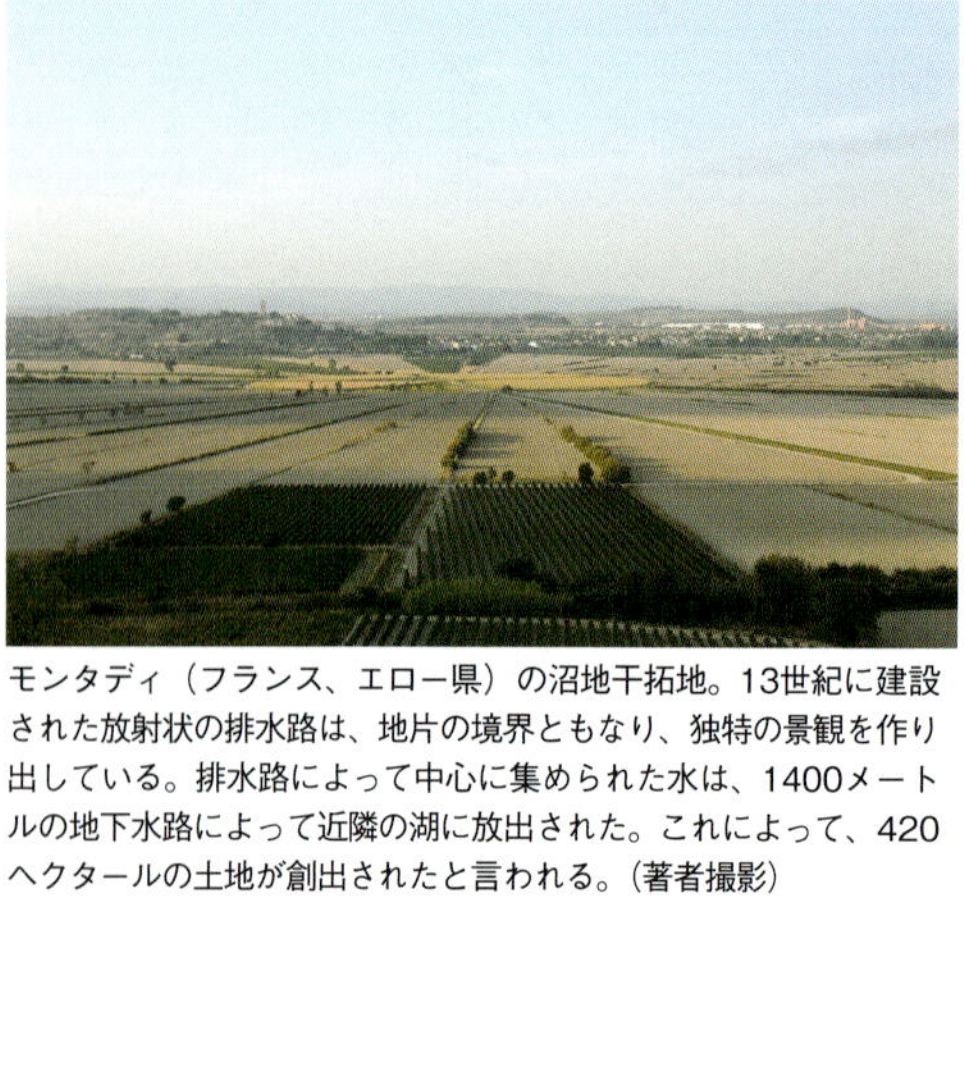

モンタディ（フランス、エロー県）の沼地干拓地。13世紀に建設された放射状の排水路は、地片の境界ともなり、独特の景観を作り出している。排水路によって中心に集められた水は、1400メートルの地下水路によって近隣の湖に放出された。これによって、420ヘクタールの土地が創出されたと言われる。（著者撮影）

13世紀の水車と風車。（ブリュッセル、ベルギー王立図書館）

15世紀の田園風景。麦畑の犂耕と種まき、ブドウ畑の剪定、休閑地での羊の放牧が描かれている。『ベリー公のいとも豪華な時禱書』の3月の場面。（1415年頃制作。シャンティイ［フランス］、コンデ美術館）

そして、これらの開墾事業に必要な労働力を確保するために、移住者となる農民たちには、それまでよりも軽減された労働や恵まれた身分の条件が与えられたことも重要である。そこでは、領主直営地での賦役労働に代わって、収穫の一部を年貢として納めることが一般的となった。このことは農民各自の経営意識を高め、生産意欲を刺激したことだろう。他方、既存の西ヨーロッパの農村でも、労働力を確保するためには、農民に開墾地と同じ優遇条件を与えざるを得なかった。

北フランスにおいて広く交付されていった新村建設証書には、そのような内容が含まれている。ドイツでは、判告録と呼ばれる、村の慣習的権利を確定する文書が同様の役割を果たした。同時に、後述するように、村に与えられたこれらの法文書では、村落共同体としての自治権も規定されている。こうして、一三世紀までには、領主に対する農民の立場は、個人としても村落としても強化されてい

多くの子供が笛吹き男に連れ去られて行方不明になったという「ハーメルンの笛吹き男」の伝説は、1284年に実際に起こった歴史的事実なのだが、それ以上の内容はわかっていない。しかし、子供＝若者たちは東方植民のために連れ去られたというのが、有力な仮説のひとつとなっている。1300年頃には存在していたが、17世紀に失われてしまった、ハーメルンのマルクト教会のガラス絵から1592年に模写された、現存する最古の笛吹き男の水彩画。

った。

　他方、村落共同体という団体の形成は、農業生産の発展のためにも欠かせなかった。農家が、重量有輪犂や農耕馬をそれぞれ個別に所有することは、費用と使用時間の両面で非現実的であり、むしろ村全体でこれらの装備を共同所有し、村の共同作業としての三圃制によって穀物栽培を行うことが有利であることは、当時の人々にも強く感じられていたのだろう。一一世紀以後、ヨーロッパの田園部では、村全体の耕地を区画整理して三分割し、村人全員の共同作業によってこれを耕作するという開放耕地制が広まっていった。そこでは、農民は、三つの区画のそれぞれに、細長い畝の形で自分の持分地を保有し、そこからの収穫物を手にするようになった。

　三圃制では、秋まきの小麦とライ麦の畑、春まきの大麦畑のほかに、休閑地が設けられて家畜の共同放牧地となり、村全体の家畜を飼う場となった。肥料の少ない当時にあっては、家畜の残す糞は地力の回復を図るために貴重だった。このような形で穀物栽培と牧畜の両立が実現されたことは、古代には見られない中世ヨーロッパ農業の特徴である。

　三圃制が行われるようになると、畑のなかに農家が散在していると都合が悪いので、農家が村のメイン・ストリートや教会のある広場のまわりに集住するようになる。こうして集村が形作られ、村落全体の農作業が共同で行われるようになると、農作業に関する村民の個人的自由が制限される反面、村落共同体としてのまとまりは揺るぎないものとなっていった。同時に、村落は封建領主の支配下におかれながらも、それと交渉する力をもつような存在ともなる。一つの村を単一の領主が支配することは少なく、一村多領主が普通だったことも、農民側に有利に働いただろう。こうして、村落共同体としての村が、ヨーロッパの歴史上初めて誕生したのである。

レコンキスタ時代のイベリア半島。赤い線が、レコンキスタの進展を示している。

シェイクスピアの生地ストラトフォード・アポン・エイヴォン郊外のクリムスコット（イングランド、ウォリックシャー）に残る、開放耕地制の区画と重量有輪犂で耕された畝の跡。1953年5月撮影の航空写真。

1575年頃のホイドルフ村（メスキルヒ郊外、ドイツ、バーデン・ビュルテンベルク州）の様子。この周囲に麦畑が広がっていた。（Wikipedia Deutsch, Heudorf bei Meßkirch）

第2章　農民と領主

1●「耕す者」の身分とイメージ

中世ヨーロッパ社会は、身分制社会である点で、私たちの現代社会とは大きく異なっていた。中世の農村で暮らしていた人々の身分の内容はどのようなものだったのだろうか。

まずフランク時代には、それは自由民か不自由民かという法律上の身分の違いとして現れた。次いで、一三世紀までには、農民が領主の畑での農作業に動員されるというような強制的な肉体労働は減少して、農民の身体を直接拘束するような不自由身分の要素は弱まっていった。

「祈る者」であるキリスト教聖職者、「戦う者」である騎士＝貴族、「耕す者」である農民の姿が象徴的に描かれている。（13世紀。ロンドン、大英図書館）

その反面、一三世紀には、封建的戦士階級のメンバーでもある領主たちが、新たな社会身分としての貴族身分を形成するようになるのに対して、農民は、都市民とともに、平民身分に位置づけられた。これに、従来から独立した身分として認められていたキリスト教聖職者が加わって、「祈る者」「戦う者」「耕す者」という、一八世紀まで続く伝統的な三身分の観念が形成されるのである。ただし、貴族身分に属する人々は、当時の人口の二パーセントにも満たなかった。

もっとも、ともに非聖職者である貴族と平民の区別は最初から明確だったわけではない。国王が貴族叙任状を発行して貴族であることを認定するようになるのは、フランスでは、フィリップ四世（在位一二八五～一三一四年）の治世初期のことであり、それ以前には、国家認定の貴族身分などは存在しなかったからである。このため、自ら貴族であることを任ずる人々は、さまざまな指標を主張した。

代表的なのは、馬に乗って槍と剣を振るって戦う騎士こそが貴族であるという考え方であり、それまでは、戦士階級の若者の成人式のような行事にすぎなかった騎士叙任式をそのイニシエーションとした。これには、乱用されることの多かった騎士の武力を宗教によって統制しようとする教会の意向も加わり、騎士叙任式は教会で行われる宗教的儀式になっていく。そして、騎士叙任式を受ける家門が世襲化されていくことによって、貴族階層は閉鎖的な一つの社会身分となっていったのである。

これに加えて、貴族は、さまざまな機会を通じて、農民を代表とする平民層が卑しくて醜く、蔑むべき人々であることを主張した。これは、名誉を欠いた存在として農民をネガティヴに描くことによって、名誉の観念を自分たちが独占し、貴族としての高貴さを演出するものだったと言えるだろう。

一三世紀フランスの詩人リュトブフは、「百姓のおなら」という世間話のなかで、臨終の農民の霊魂を捕まえて地獄に送ろうとした悪魔が、農民の魂は肛門から出てくるに違いないと考えて革袋を用意して待っていたところが、間違えておならを捕まえてしまったと語っている。農民の魂とおならが同一視されていることがこの話のポイントである。

中世ヨーロッパでは、食べ物にも貴賎の序列が想定されていたのだが、そのなかでは、天からもっとも離れた土中で栽培されるカブやタマネギなどが一番下級の卑しい食べ物であり、それは、聖職者や貴族ではなく、農民の食すべきものとされていたことも似たような事例である。

一三五八年に北フランスで起こった農民反乱であるジャックリーの乱の名称は、当時の農民一般が、貴族から「お人好しのジャック《ジャック・ボノム》」という蔑称で嘲笑《あざわら》われていたことによっている。しかも、このような農民反乱において、農民たちが騎士階級に対して行った残虐行為は、フロワサールの『年代記』などで大いに強調され、非難された。騎士とその武勲を顕彰することを執筆目的としていたフロワサールは、その対立項として農民を描き出そうとしたのである。こうして、社会から排除されるべき卑しい暴力を行使する農民という、もうひとつの負のイメージが作り出されていったのだった。

もちろん、貴族層だけでなく、中世の農民社会においても、名誉の観念が定着していたことは疑いなく、このことは最近まで南フラ

「アーサー王物語」のなかで最強の騎士ランスロの騎士叙任式。騎士叙任式の中心は、若者への剣や拍車などの武器の授与だった。（14世紀。パリ、フランス国立図書館）

百年戦争の戦場となったフランスでは、1358年、パリ盆地でジャックリーの乱が起こり、領主層の恣意的なタイユ徴収に対して拒否を突きつけることとなった。モーにおける農民たちの虐殺。1358年6月。（15世紀。パリ、フランス国立図書館）

「悪徳の戦い」という抽象的なテーマを描いた写本挿絵だが、それが、農民などの平民に仮託されて描かれていることが印象的だ。(1430〜50年頃。ブリュッセル、ベルギー王立図書館)

ンス、特にコルシカ島の農民社会において、名誉がなにより尊重されていたということにも表れている。また一四世紀末に国王政府が発行した赦免状では、それが平民に関して与えられた案件の八〇パーセント近くが、名誉を汚されたことに対する復讐を赦免するものだった。こうしてみると、名誉の観念の有無をもって、貴族と平民の境界とすることが、中世のフィクションだったことがよくわかる。

したがって、次に、そのような社会的身分ということから少し離れて、経済面も含めた領主と農民の間の具体的な交渉の歴史をたどってみよう。

2●自由か不自由か

古代ギリシア・ローマの時代には、外国人を除けば、自由民と奴隷という区分が社会を二分していたが、中世に入ると、奴隷の数が減少する一方で、不自由身分の内容は地域ごとにはるかに多様で複雑になる。不自由民を指す名称も一様ではないが、もっとも広く知られているのは、ローマ時代には奴隷を意味していたセルヴスというラテン語である。中世にも一部で売買されていた奴隷とは異なり、中世のセルヴスは、農奴と翻訳されることが多い。彼らは、その所有者の全面的な支配に服しつつも、家と土地と家族を与えられて、その限りで、財産と子孫を残すことを認められた不自由身分層である。

高校教科書では、ローマ帝政後期のコロヌスやかつては自由農民だったゲルマン人の子孫が、中世に入って、社会経済的に没落した結果、これらすべての人々が領主に従属する農奴となったような説明をされているが、実際には、所有地をもつ自由農民も少なからず存在し続けていて、彼らと農奴との構成の割合は地域によって大きく異なっていた。最近では、農民層全体のなかでは、農奴は少数グループにすぎなかったという意見も有力になっている。

また、農奴などの不自由民と言っても、その隷属の内容を一概に決めつけるわけにはいかない。必ずしも、経済的に困窮した自由農民だけが農奴になるわけではなく、むしろ一〇世紀のような社会の混乱期には、教会や修道院の保護下に入ることを願って、「教会庇護民《ケンスアーレス》」と総称される従属民となることを自ら選択する人々も少なくなかったからだ。教会の側も、彼らを保護下におくことで、人口の少なかった当時貴重だった労働力を確保できるという利益を得ていた。このような場合には、従属民となっても、領主に対して重い経済的な負担を負ったり身分的拘束を課されることはほとんどなかった。その従属の象徴として、当時の最小貨幣単位であるデナリウス銀貨数枚を毎年教会に納めるだけでよかったのである。

しかし、一一世紀になり、村落共同体が誕生すると、領主が農民に領主直営地での労働を強制するような形は少なくなる反面、年貢を納める農民を確保するために、彼らが居住地から移動することを改めて厳しく制限する必要があった。結婚のために領地から出て行く者に課せられた領外婚姻税は、このような農民の移動制限を目的としていた。さらに、死亡時に相続人がいない場合には、領主によって全財産が没収されたし、相続人がいる場合でも、一番良い家畜一頭を領主に引き渡すという内容の死亡税が課せられたことは、領主が農民の財産の確保に強い関心を寄せていたことを物語っている。

これに対して、農民には、開墾地への移住のほか、当時、発展を開始していた都市へ移

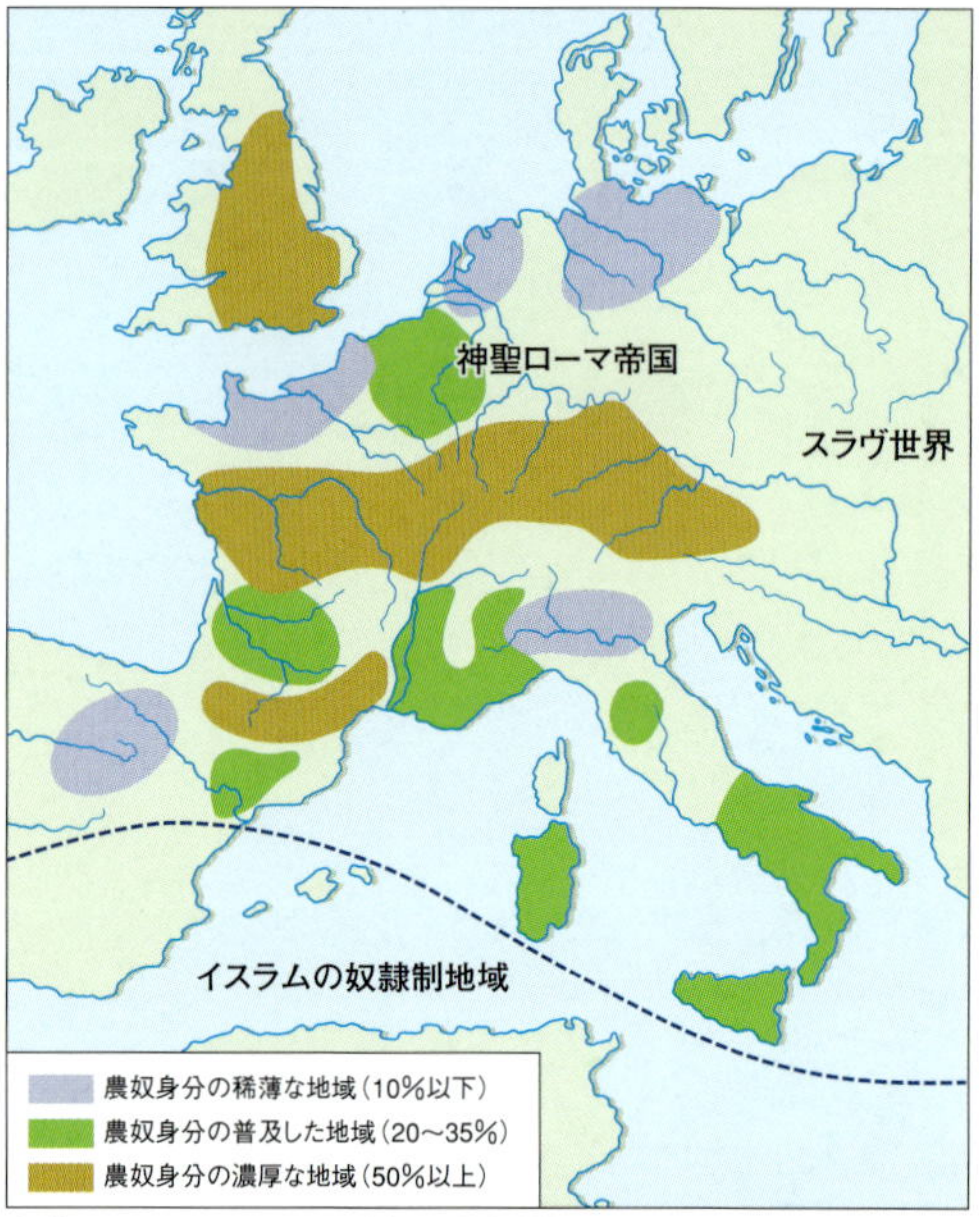

中世ヨーロッパにおける農奴の分布状況。

領主と農民の関係を象徴的に描いている絵。（一五世紀。パリ、フランス国立図書館）

クープサルト村（フランス、カルヴァドス県）に残る近世の領主館（16～18世紀）。（著者撮影）

り住むことも魅力的な選択肢だったに違いない。こうして、中世社会の経済発展期においては、かつてはプラスに捉えられることもあった領主の保護という側面は弱まり、今度は逆にその不自由性が強く意識されるようになっていった。

こうして、一三世紀以降、農奴も含めて、農民たちはこうした隷属的な負担を嫌って、そこからの脱却を目指し、しばしばそれに成功するのである。貨幣経済が発展するなかで、農民も金銭を獲得し、それを武器として領主側と交渉して、自分たちが望むような有利な条件を引き出せるようになっていったのだ。次に、中世の農民が領主に対して課せられていた負担の変遷を見ることにしよう。

3●領主に対する義務と負担

一一世紀以降、都市が発展し、商業や手工業が盛んになると、領主は農民の賦役労働によって自給自足的に荘園を経営するよりも、農民から現物や貨幣の形での年貢を取り立てるようになる。農民が支払わなければならなかった負担については、収入の一割を教会に納めるという十分の一税を別にして、その内容を次のように二つに区別することができる。

第一に、畑の所有者である領主に納めねばならない年貢がある。これはフランク時代以来の賦役労働に取って代わるもので、北イタリアでは、すでに一一世紀頃から、収穫を領主と農民の間で分け合う分益小作制や領主には地代を支払うだけという借地の方式が導入されていたが、そのような傾向はその後、一三世紀までにアルプス以北にも拡大していった。

年貢については、農地や作物の種類によって収益に差があったこともあり、現物納にせよ金納にせよ、時代や地方によってさまざまな支払い方や料率があった。ブドウ畑は穀物畑よりも二倍以上の収益が上がっていたので、それだけ年貢も高かった。穀物に対する年貢では、収穫の一五パーセントを超えることはまれであり、平均すると、五パーセント以下だったと推定されている。また、このような年貢は、領主に対する、いわば私的な性格の賦課租であり、律令制の下で古代から公地公民制が導入されていた日本の農民が負っていた公的性格の年貢とは質が異なっていること

十分の一税を穀物で徴収する時に用いられた青銅製の容器。(13世紀。パリ、クリュニー博物館)

右から、金銭、野菜、穀物、家禽で年貢の支払いをする四人の農民。(一五世紀。ユーバーリンゲン[ドイツ、バーデン・ヴュルテンベルク州]市庁舎の木彫)

に注意しなければならない。

　これに対して、第二の負担は、より公的なニュアンスをもっている。その背景には、一〇世紀後半以降、西ヨーロッパの各地で城が建設されるようになったことがあった。それまでのヨーロッパでは、都市を守る囲壁などはあったが、城主の個人的住居としてその家族と財産を守ると同時に、城の周辺領域を防衛し、軍事的に支配するという機能をもつ城は存在しなかったのである。しかし、このような城がヨーロッパ各地で建てられるようになると、ヨーロッパ社会の内容は一変する。なぜなら、これ以後、単なる土地所有権に基づく領主支配とは別に、城を拠点とする武力を背景として、軍事的のみならず、裁判を通じた法的な支配が始まるからである。

　その結果、城による防衛と治安維持の対価として防衛税とも呼ばれるべき支払いが、城主が支配する周辺領域の住民に課せられるようになる。多くは金銭で納められたが、領主が、城の修理や物資の運搬などのための労働力を必要とする際には、農民が動員されることもしばしばだった。金銭の場合、フランス語ではタイユなどと呼ばれるこの支払いは、地域社会の防衛をその根拠としている点で、公的性格を有しており、現在の国家が課す租税の原型とも言うべきものである。実際、城主の権力が最終的には王国レベルで統合されていった結果、フランスでは一五世紀半ばに、国王がこのタイユ徴収を独占し、領主による徴収は禁じられるようになるのである。

　しかし、それ以前の段階で、国王による築城規制の拡大とともに、農村部にあった中小規模の城が破壊され、マナー・ハウスのような領主館に建て替えられていくと、城主による防衛の対価というタイユの起源は忘れられて、領主一般に対する支払いの一種と認識されていたようだ。しかもそれはしばしば、領主の必要に応じて恣意的に課せられ、年貢よりもはるかに重かった。たとえば、一三世紀初めのパリのノートル・ダム大聖堂の聖堂参事会（大聖堂に所属している聖職者の団体）は、教会の工事の必要に応じて、随時、領民にタイユを課していた。さらに、後述するように、必ずしも城主ではない者も含めて、領主が製粉水車やパン焼き竈などを設けて、農民にその使用と料金支払いを強制するというバナリテの制度もまた、城に由来する法的支配を背景としていた。

　しかし、たとえ農奴であっても、中世の農民は、封建領主からの支払い要求に無条件で従っていたわけではなかった。かつては、領主の圧政とそれに対する暴発的な農民一揆ばかりが語られることが多かったが、現在では、個人としても村落共同体としても、農民たちが領主側と交渉を重ね、金銭を支払い、もちろん時には一揆も辞さずに、農奴身分からの解放や、領主の都合で勝手に金額が決められていたタイユの定額化や廃止を獲得していったことが知られているのである。

　象徴的な例を挙げよう。一三世紀半ばに、パリのノートル・ダム大聖堂の聖堂参事会が領有するパリ周辺の数カ村の農奴たちが、農奴身分からの解放と、タイユの有償免除を求めて交渉を始めた。国王ルイ九世に加えて、農民に資金を融通することで利益を得ようとするパリの商人たちの思惑なども交錯するなか、農民側は、農奴身分からの永久解放のために一万リーヴル、今後のタイユ免除のために二〇〇〇リーヴルの一括支払いを提示するに至る。フランス王国の国家予算が一〇万リーヴルに満たない時代に、驚くべき金額であると言わざるを得ない。記録に残されている

農奴解放の場面。ただし、『ローマ法大全』の写本挿絵なので、古代ローマ時代の「棒による解放」という儀式を中世に当てはめた様子で描いている。（13世紀後半。フランス、リヨン市立図書館）

決着によれば、一二六三年五月、パリ南方のオルリー村の六三六名の農奴に限って、年六〇リーヴルの支払いによって、農奴身分からの解放とタイユの免除が認められたのである。

この時には、農民たちのブレーンとして幾人かの聖職者、騎士、パリ市民が交渉に参加している。一二一九年に、パリ東方のロニィ・ス・ボワの農民たちが、その新領主であるサント・ジュヌヴィエーヴ修道院長と交渉した際には、教皇ホノリウス三世の支持を得ていた。このように、農民といえども、都市民や聖職者の世界とも通じていた様子がうかがわれるのが興味深い。

エルニー村（フランス、ソンム県）の航空写真。1210年にポンチュー伯ギヨーム２世から自治特許状を与えられた村で、中央に密集する家々の外側を、帯状の菜園が取り囲んでいる。その外側が三圃制が行われる麦畑だった一方、その内側では村落共同体の自治権が及んでいたと考えられている。

4●村落共同体の自治と裁判

一一～一三世紀は、このような領主と農民間の交渉が各地で結実し、農民の権利が拡張された時代だったが、村という団体としても、同様のことがあった。そこには二つの側面がある。第一に、フランク時代までの領主による直接的な農民支配の仕組みが解体して、村落共同体が新たに姿を現すなかで、新しい領主と村民間の関係を定める必要があった。第二に、村落共同体を運営していくための自治的な行政組織を設置して、共同体としてのルールを定め、同時に、違反者を処罰する体制を打ち立てなければならなかった。こうして、ヨーロッパ各地で村落共同体にある程度の自治権や裁判権を認める文書が発行されるのである。

フランスでは、前述した新村建設証書のほか、農村に与えられた自治特許状のなかで領主と村の法的関係が定められた。慣習法証書と総称されているこのジャンルの文書は、それが最初に与えられた村の文書と類似の内容の文書が周辺村落にも与えられることが多い。パリ盆地南部のガティネー地方の多くの村落を対象としたロリス型慣習法証書、北東部のランス大司教領の村落群に対して発行された

ボーモン・タン・ナルゴンヌ村（フランス、アルデンヌ県）の村長と６人の参審人を描いた印璽。村落共同体に与えられていた自治権を象徴している。（1351年。モナコ、大公宮殿文書館）

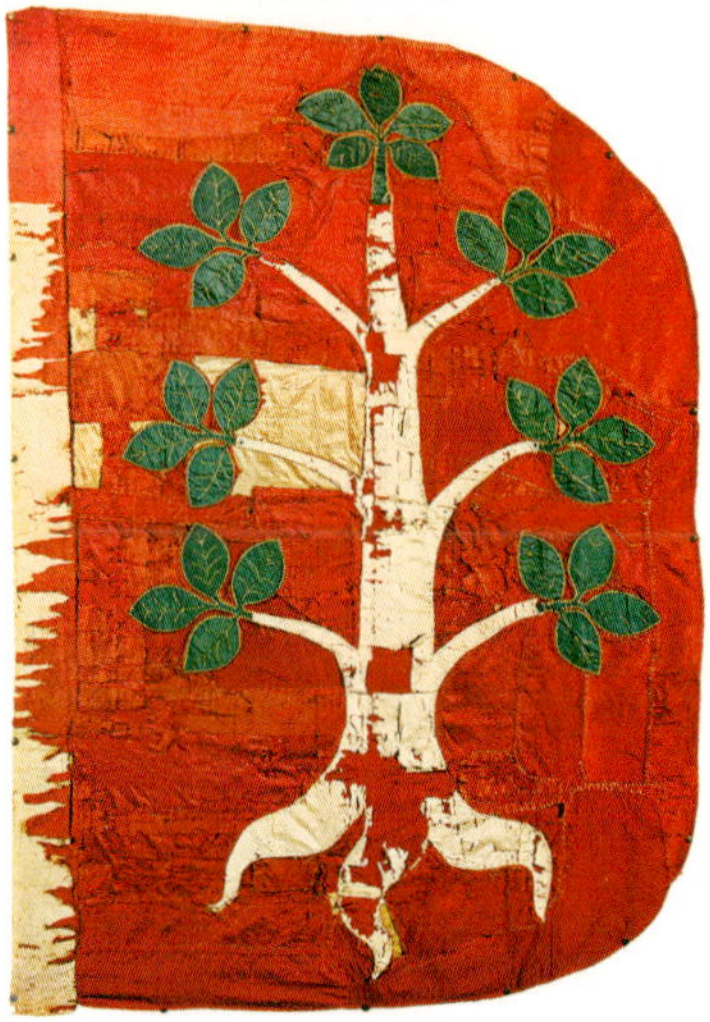

スイスでは、アルプスの深い谷ごとに渓谷共同体と呼ばれる自治的な住民共同体が形成されていた。これは、エルテルバッハの農民たちの旗で、７本の枝は共同体を構成する７つの集落、木の葉はそれぞれの集落が発展していくことを象徴している。（14世紀。ルツェルン［スイス］、歴史博物館）

ボーモン・タン・ナルゴンヌ型慣習法証書がその代表である。そうしてみると、自治権の承認が機械的に行われたような印象があるが、各村落共同体に与えられた文面を比較すると必ずしも同一の内容ではなく、証書の発行に際して、個別の交渉が行われ、各村落に認められる権利内容が突き詰められていったことがわかるのである。

ドイツでは、毎年開催される村の全体集会において、村に伝わる慣習法が読み上げられ、確認されて、その内容は、判告録という文書として記録、保管された。そこでは、村落共同体の自治権の確認という要素よりも、領主に対する負担を承認するという性格が強いと言われる。その背景としては、判告録が作成されるようになった一四～一五世紀には、国王や領邦君主を頂点とする中央集権的な領主支配が次第に強化されていったという時代状況があった。

大陸と比べて、領主の支配がより強力だったイングランドでは、村の自治的運営が行われることはなかった。しかし、開放耕地制の下で村落共同体による共同農作業が行われていたのであり、それに関する規則が定められ、違反を罰する裁判所が設けられたことに変わりはなかった。

それでは、このような慣習法証書や判告録、イングランドの裁判記録で語られている村落共同体の運営とは、どのようなものだったのだろうか。

例外的ながら、農民反乱のなかで農民による自治が実現されることもあった。一四七八年、シュプフハイム村（スイス、ルツェルン州）の菩提樹の下で開かれた集会では、農民指導者ペーター・アムシュタルデンが判決を下している。（一五世紀。ルツェルン中央図書館）

共同体全体を指導し、統制するのは、村長である。村民から選ばれて領主の承認を受けた村長である。村長は、村の全体集会や裁判集会を主宰するとともに、共同体が滞りなく運営されるよう努めた。

全体集会は、村長と領主が指揮する形で村人全員が参加して、村長の家、領主館、菩提樹やオークの大樹のある広場などで年一回から三回程度開催された。そこでは、村役人の選出のほか、三圃制をはじめとする農作業の実施スケジュールが取り決められ、会計監査が行われた。そこで選ばれた村役人は、村内の土地や村の境界の維持保全、製粉水車やパン焼き竈などの営業、度量衡《どりょうこう》の基準器の管理など、多くの任務を果たした。

裁判集会は、一、二週間ごとに開かれた。判決を下すのは、村長のほか、村民から選ばれた数人の参審人である。村長、参審人ともに、その任期は一年を原則とした。イングランドの場合には、裁判を主宰したのは領主の執事であったが、そこでの審理や討議には、農民全員が参加したという点で、フランスやドイツの状況と類似している。

裁判集会では、譲渡された土地の登記手続きなどの民事関係のことがらの承認に加えて、共同体で取り決めた農作業に対する違反行為や、暴力行為による村の平和の侵害などの刑事事件が罰金により処罰された。殺人や放火のような重大犯罪は、領主、とりわけ城主に属する裁判権の管轄事項であり、彼らによって裁かれた。それと比較すると、村の裁判集会は、村落共同体を円滑に運営していくために、より軽微な違反行為を取り締まることに集中している。その限りで、村の裁判集会は共同体の自治を象徴的に表すものと言える。

しかし、その一方で罰金の大半は領主に支払われた。ボーモン・タン・ナルゴンヌの慣習法証書では、村の市場の秩序を乱した者に

ペストを恐れるフィレンツェの人々。ペスト大流行による大量死は、農村にも中世後期の大変動をもたらした。（1430年頃。パリ、フランス国立図書館）

右：1356年9月19日、ポワティエの戦いでフランスがイングランドに敗れ、国王ジャン2世が捕虜となった事件は、百年戦争前半において最大の混乱をフランス側にもたらした。（1412〜14年頃。フランス、ブザンソン市立図書館）
左：兵士によって追い立てられる農民一家。（1471年。パリ、フランス国立図書館）

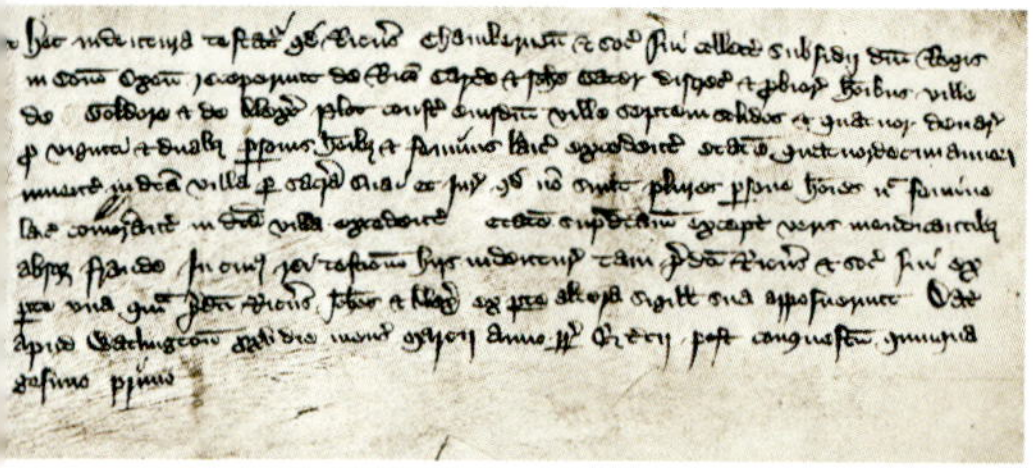

1377年、ゴールダー村（イングランド）の22人の村民に１人４ペンスの人頭税を支払うことを命じる布告。（ロンドン、英国国立公文書館）

科せられた一〇〇ソリドゥスの罰金のうち、村長と参審人にそれぞれ一ソリドゥス、被害者に一〇ソリドゥス、被害者が負傷している場合には二〇ソリドゥスが支払われるが、残りはすべて領主の懐《ふところ》に入った。このように、村の自治的な裁判集会は、領主による村の経済的支配という側面も併せもっていたのである。

5●中世後期の社会変動

一四世紀半ばに始まり、当時の人口の三分の一を奪ったとも推定される黒死病による人口激減や、英仏間の百年戦争（一三三九～一四五三年）などがもたらした社会的混乱は、大きな災害ではあったが、それを生き延びた農民とその子孫には有利に作用した。労働力が減少したために、日雇い労働者の賃金が上昇すると同時に、農民の都市への流出が続き、領主所領経営が困難に陥ってしまった結果、領主が農民に譲歩せざるを得なくなり、農奴が解放されて自由農民となることが一般化していったからだ。そのような農民の典型が、ヨーマンと呼ばれるイングランドの独立自営農民である。

しかし、同時に、彼ら農民層の内部で進行

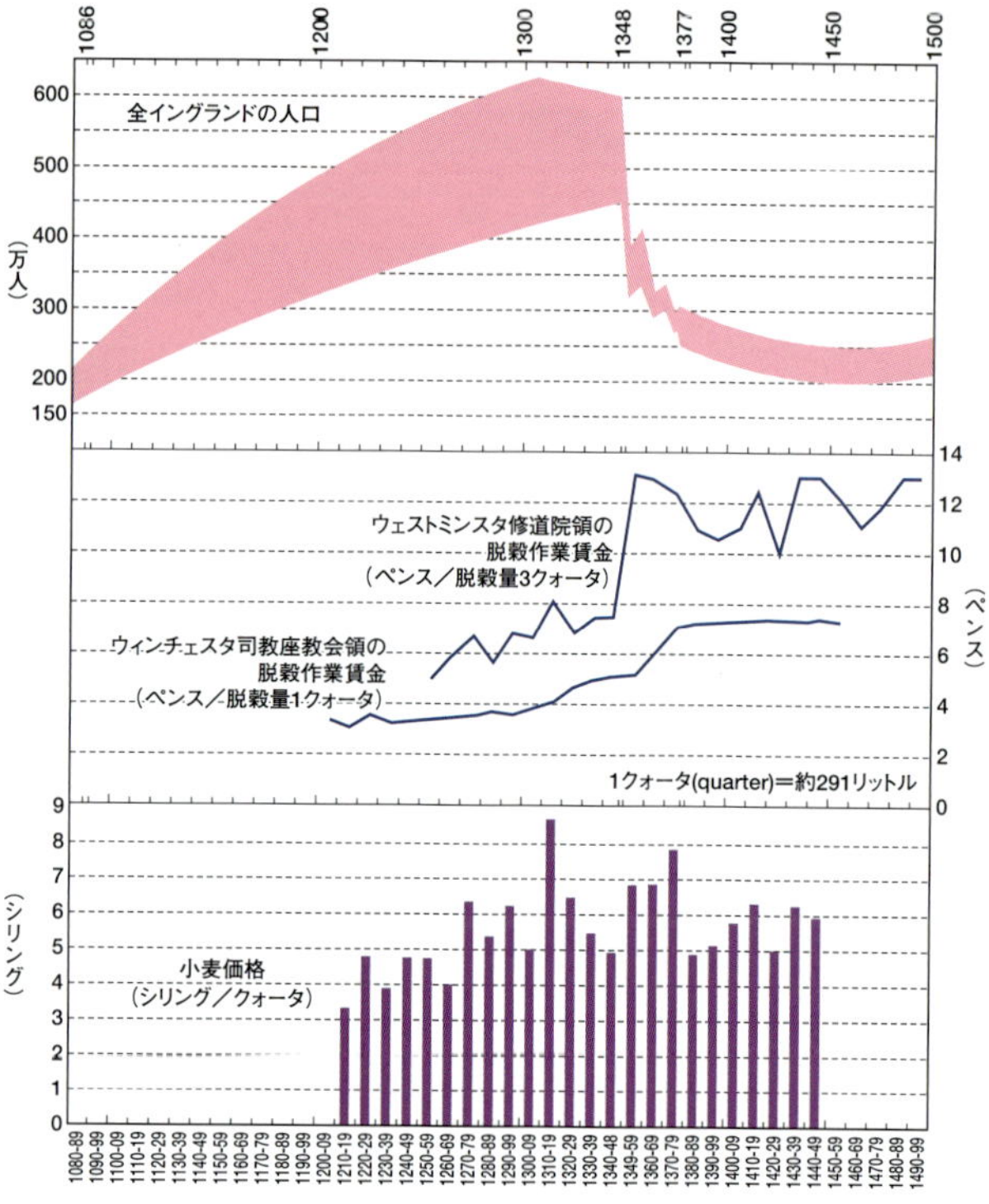

中世イングランドにおける人口、賃金、小麦価格の変動を示すグラフ。（ヨーロッパ中世史研究会編『西洋中世史料集』東京大学出版会、2000年、355頁）

1381年、馬上からワット・タイラー（赤服の人物）を激励する神父ジョン・ボール。おそらく「アダムが耕し、イヴが紡いでいた時、誰がジェントルマンだったのか」という名高い説教の場面。（1470年頃。ロンドン、大英図書館）

していた経済的な格差の拡大と階層分化に注意しなければいけない。封建領主の支配が緩和されるということは、村の農民社会が、貨幣経済と商業が支配する外部社会の荒波にさらされることを意味していた。こうして、それまで抑圧的ではあっても安定した領主制の閉鎖的支配に甘んじてきた農民たちは、自発的な経済生活を営む環境を与えられると同時に、弱肉強食の世界に巻き込まれることとなったのである。

1525年5月のアルザス地方のサヴェルヌ（フランス、バ・ラン県）の戦い。1526年に出版された木版画。（Wikipédia française, Guerre des paysans en Alsace et en Lorraine）

12カ条の要求を記したパンフレットの表紙。1525年。（Wikipedia Deutsch, Deutscher Bauernkrieg）

　一三世紀までは、まだ農地を集積する大農はまれだった。大多数の農民の耕地は一～二ヘクタールほどしかなく、これではぎりぎりの生活しかできなかった。このため、家禽《かきん》を飼ったり森で栗やキノコを採集したり、領主の畑や館でアルバイトの賃仕事をして家計を補うことが欠かせなかった。しかし、その一方で、フランスなどでは、土地の売買や相続時の権利譲渡など、農民間の土地取引が、これまで想像されていた以上に盛んだったことが明らかになっている。これには、そうした土地取引から許可料を徴収する権利をもっていた領主が、これに積極的だったという事情もあった。こうした動向は、中世後期の農民の財産の移動を大いに促した。

　裕福で、子孫に恵まれた農家は、自らが保有する農地だけでなく、没落した人々の農地の耕作を引き受けて、その経営を拡大していった。それができない農民は、田畑や、場合によっては自分の家も手放して、他人の畑を耕す日雇い労働者になるしかなかった。こうして、中世後期の多くの農村では、富農と貧農という形で社会的な階層分化が起こっていたのである。領主と農民の関係も、かつての隷属的要素は払拭されて、小作契約を介する地主と小作人の関係へと近づいていった。

　他方、一四世紀以降、中世農村に一般的だった領主の独立支配は衰退し、代わって中央集権化を遂げつつあった国王政府による農村支配が強化されていった。それまで農民が領主に納めていたタイユは、国王政府に納めるものとなり、国家へ支払う直接税へと姿を変えていった。一四三九年、フランス国王シャルル七世によって発布された軍事改革王令によって、国王直属の常備軍の創設が定められると同時に、貴族に対しては、軍隊召集と所領における年貢以外のタイユなどの税徴収が禁じられたことは、このような状況を典型的に物語っている。

　イングランドでも、一三八一年の通称「ワット・タイラーの乱」では、百年戦争の戦費の財源として全国的な人頭税が課せられたことがその発端となった。ドイツ農民戦争（一五二四～二五年）では、中央集権化を推し進める西南ドイツ諸領邦の君主による村落共同体の自治的権利の侵害が農民によって糾弾された。しかし、いずれの反乱も国王や領邦君主によって鎮圧されてしまう。

　こうして一六世紀以降、村落もそこに住む農民も、さらには領主もまた、絶対王政による国内諸身分の支配の網の目に取り込まれていくことになるのである。

第3章 村の姿

1●村の環境

　ジャック・ル・ゴフは、『中世西欧文明』という著書のなかで、一三世紀頃までの中世の人々が巡礼や単なる放浪などの機会を通じて、遠距離を移動することが少なくなかったことを強調しつつも、同時に、彼らの大部分がほとんど一生涯、森に囲まれた居住領域から出ることがなかったとしている。このことはなにより農民の一生に当てはまる。領主に対する賦役労働の際でも、遅くても翌日には帰宅できる距離でしか行われなかったのである。

一四世紀の探検家ジャン・ド・マンドヴィル『世界の驚異の書』の写本に描かれた中世の旅人。（一五世紀初め。ロンドン、大英図書館）

　開発がさほど進んでいなかった中世には、村や都市の間には、人の住まない未開地が広がっていた。それは、内陸部では森であり、海や河川の沿岸部では、荒天時や春先などの河川増水期に季節的な浸水にさらされる低地帯である。そのような土地は、開墾や干拓のもっとも手頃な対象となって最初に耕地化されていくと同時に、畑からは得られないさまざまな原料や物産の供給地ともなった。

　このうち、人々にもっとも必要とされたのは森林である。そこでは、耕地同様に所有権が設定されて、所有者による独占が図られた。そのような森の代表は、国王諸侯の狩猟のための御料林と村落共同体の共有林である。

　原則として、農民に狩猟は禁じられており、森での狩猟は領主階層に独占されていた。なにより国王御料林から農民が排除されていた様子は、ロビン・フッドとイングランド国王代官の間に繰り広げられた、シャーウッドの森をめぐる紛争の物語に活写されている。現実と想像がない交ぜになった形で、想像上の英雄ロビン・フッドが義賊の象徴のように語られてきたのは、鹿などの狩猟の獲物の所有権をはじめとする、国王の森林利用の独占に対して、一般の人々の不満が大きかったからだろう。

　他方、農民は農民で、生活に必要な薪の採集や放牧の場としての森を必要としていた。多くの農村には、村落共同体の管理下におかれた村の共有林があり、農民はそこで薪炭を得、豚を放牧していたのである。

　しかし、領主層は常に森林資源を収入源とすることを考えており、そのため、森林利用をめぐって両者は競合していた。領主は、支配下の村の共有林の樹木が伐採された場合にはその代金の三分の一を徴収するなど、間接的な支配に乗り出したほか、領主所有の森林での違反行為に対して刑罰や罰金をもってあたるようになっていった。

　中世末期から一六世紀にかけては、村の共有林に対する領主側の侵害が活発になった。これは、ヨーロッパ社会が発展期を迎えるなかで、木材全般の需要が高まったことを背景にして、領主が農村の古来の慣習を無視してまでも森林から上がる利益を追求しようとした結果である。最終的には、そのような動きは、中央集権化を進める国王や領邦君主による村の共有林の没収、否定という政策に立ち至る。一六世紀西南ドイツで争われたドイツ農民戦争の背景のひとつは、まさにこの村の共有林をめぐる問題だったのである。

　個々の村に目を転じれば、村を貫く道路とそれに面して建てられた教区教会、その周囲に広がる墓地や広場が、村の空間の中心を構成した。それらと並んで、河川の配置もまた村の生活にとって重要だった。稲作とは異なり、麦作には農業用水は必要なかったが、河川には堰《せき》が築かれて、領主所有の製粉水車小屋が建てられていたのである。

オーディエルヌ川に架かる中世の村の石橋。ペイリュス・ル・ロック村（フランス、アヴェイロン県）。（著者撮影）

　村人が村外に出掛ける機会が少なかったと言っても、領主との交渉や村では手に入らない物資の調達や農産物や畜産品の売却のために、外部社会との連絡が細々ながらも絶えることはなかった。このため、村から街道に出る道が維持されていて、人々は徒歩で出掛け、時にはロバや馬、荷車で荷物を運んだ。現在、中世の道の形がそのまま残されていることはあまりないが、ロマネスク式やゴシック式のアーチからなる石橋が、それが架けられた当時の姿をそのまま伝えていることがある。

　その一方で、川に浅瀬がある場合には、建設と維持に費用がかかる橋をわざわざ架けることなく、足を濡らしながら渡河することもよく行われていた。このような渡河地点は、英語ではフォード、ドイツ語ではフルトと呼ばれる。オクスフォードやフランクフルトのように、そのような語を含む地名の存在は、かつての交通の姿を物語ってくれる。

　このようにして都市と農村間の交通は確保されていたのであり、それを通じて、農村と周辺都市との交易も行われたのだった。

2●村の形

　現実には、それぞれの村のおかれた地理的条件も政治的状況もさまざまだった。このため、そこで誕生した村の形状も多様だったが、多くは、家々が隣接ないし近接する集村の形をとった。

　イタリア半島、南フランス、イベリア半島などの地中海沿岸地域では、小高い場所に築かれた城の周囲に農民が集住するインカステラメントという現象が一〇世紀から数多く見られた。城を中心として渦を巻くようにして円環状に石造の家々が立ち並び、その外側は、囲壁で守られていることが一般的だ。丘の頂上や切り立った崖の上にあるために、日本語では「鷲の巣村」とか「鷹の巣村」と呼ばれて、南仏コート・ダジュールのエズのように観光地として知られている場所もある。そこでは敷地が狭いために、建物を二階建てにしたり、丘の斜面に洞窟のような横穴を掘って住まいの一部として利用したりすることも広く行われた。

　当時の南ヨーロッパでは、王権や強力な諸侯勢力の形成が遅れるなかで、イスラーム教徒の侵略などによる不安定な治安状況に対処しなければならなかった反面、築城に対する規制も緩やかであるという事情や、古代からの石造建築の伝統や丘陵地帯が多いという地理的条件も加わって、領主＝城主が主導して、このような村の形が生まれたのだった。さらには、重要な作物だったブドウやオリーヴを栽培するためには、丘陵地という立地条件が

鷲の巣村の代表エズ。（フランス、アルプ・マリティム県）（Wikipedia English, Èze）

ラ・クーヴェルトワラド（フランス、アヴェイロン県）は、12世紀以来、テンプル騎士団の城とともに形成された囲壁集落であり、穀物生産と牧畜の拠点だった。今なお、中世の囲壁とテンプル騎士団の城と教会が残されている。上：全景。（Wikipédia française, La Couvertoirade）下：教会脇のテンプル騎士団員の墓地と墓標。（著者撮影）

適しているという事情もあった。

これに対して、より北の地域では、城と村落の関係はそれほど直接的ではない。城は、地域防衛の拠点であると同時に、城主の暴力的支配の拠点でもあったため、城を忌避する

今は廃墟になっているルージエ（フランス、ヴァール県）も鷲の巣村の典型例。左：洞窟を利用したルージエの住居。右上：2階建ての農家。1階と2階のあいだの梁を差し込む壁の穴や2階の壁に設けられた棚に注目。右下：ルージエの家々のあいだに残る舗装された道路。（いずれも著者撮影）

キャッスル・ボルトン村（イングランド、ヨークシャー）。1955年7月の航空写真。村の名前が物語るように、その形状は、まさにボルトン城の「城下村」。

ロマネスク式の村の教会と墓地。オールネイ（フランス、シャラント・マリティム県）のサン・ピエール教会。

城砦教会の代表例として、デュニー・シュル・ムーズ村（フランス、ムーズ県）の聖母生誕教会。天守塔のような塔に注目。（Wikipédia française, Dugny-sur-Meuse）

農民も少なくなかったからだ。しかし、それでも、一一世紀以降、城下町ならぬ城下村のようにして、城の近くに村が営まれることはしばしば見られた。ただし、インカステラメントの場合のように、城と村の全体がひとつの囲壁に守られることは少なかった。

城以上に新しい村の核となることが多かったのは、教会である。一一世紀とは、グレゴリウス改革の時代であり、それまで世俗権力に従属していたローマ・カトリック教会の自立運動が本格化した時代である。このため、聖職者の意識と教養が向上し、ヨーロッパ社会のキリスト教化が一気に進行した。それまで教会をもたなかった農村部でも、ひとつの村落の領域が独立した小教区を構成して、司祭が管理する教区教会が建設されていった。今も数多く残されている農村のロマネスク式教会はこの時代の名残である。

その際、それまで散在していた農家が、新しく建てられた教会の周囲に移動して、集住することは広く見られた現象だった。教会の裏には墓地が付属したために、これに伴ってフランク時代の墓地が放棄されて、新しい墓地に移動する事例もよく知られている。

また、城のような形を取り、高い塔や窓の少ない壁を備えて、緊急時の農民の避難所となる城砦教会も少なくなかった。

家々が集合する形は、教会と村の広場を中心として円塊状になるケースのほか、村の中央通りに沿って両側に立ち並ぶケースが一般的である。地理学では、前者を塊村《かいそん》、後者を列村と呼んでいる。

村のなかには、定期市が開催されて、地域経済の小規模な中心地となる場合がある。中世初期には、そのような半都市的な集落はウィークスと呼ばれていた。一三～一四世紀のフランス南西部で多数建設されたバスティードと呼ばれる新集落にも、そのような性格が色濃い（バスティードの説明については、コラム1を参照）。

けれども、このような集村化の動向を過度に一般化することには注意が必要かもしれな

魚骨状村落／列村の例であるブラウンストン村（イングランド、ノーサンプトンシャー）。1949年4月の航空写真。

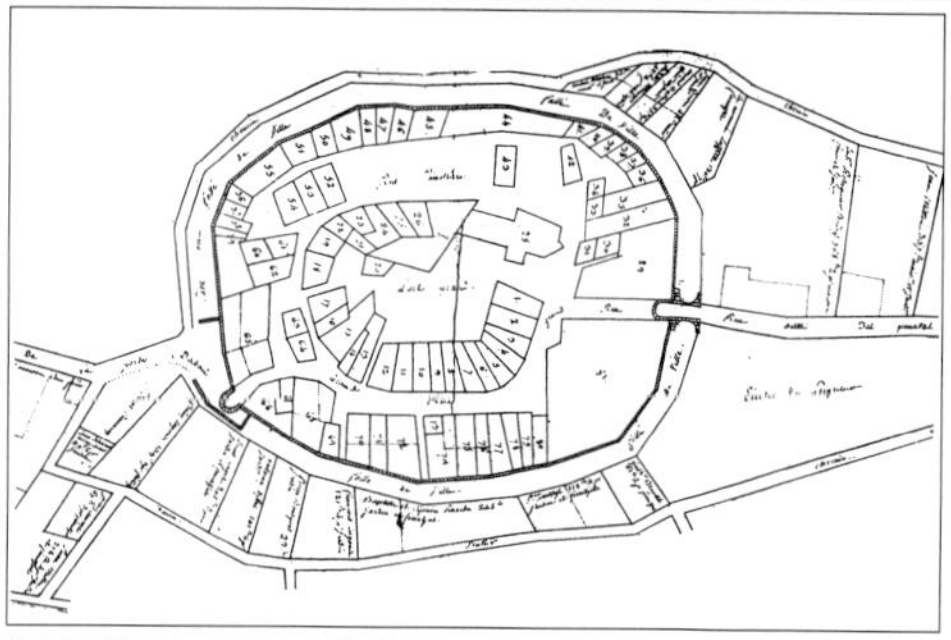

塊村の例であるイスル村（フランス、オード県）。上：航空写真では手前の林のなかに村の墓地がある。最初、ここに集落が営まれていたが、11世紀頃、現在の村のある場所に移動した。このラングドック地方では、11～12世紀にこのような円形の村が多く形成され、現在、「シルキュラード」と総称されている。下：18世紀の地籍図に見られるように、この村はかつては囲壁を備えていた。

代表的バスティードであるモンパジエ（フランス、ドルドーニュ県）の全景。中心のやや左上に広場が見える。かつては周囲を囲壁が取り巻いていた。

い。定住地の形成には、領主農民関係のほか、農業のタイプ、人口や経済の動向などのさまざまな要因がからんでいたからだ。また、ピレネーやフランスの中央山地、アルプス地方などの山岳部では、移動放牧による畜産経営が中心産業だった。一六世紀のイングランドの囲い込み運動におけるように、穀物栽培が牧畜に切り替わるという変化が大規模に生じる場合もあった。村の地理的な歴史は、多くの多様性と変動を含んで現在に至っていることを忘れてはならない。

なお農家の形については、第三部で説明しよう。

column 1

バスティード

モンパジエの広場とそこに面した家々。（著者撮影）

バスティードの市場建物には壁はなく、柱だけしかないものが大部分だ。ヴィルフランシュ・デュ・ペリゴール（フランス、ドルドーニュ県）の市場建物。右隅にブリキ製の大小さまざまな穀物計量器が並んでいる。（著者撮影）

コローニュ（フランス、ジェール県）の市場建物。中央には鐘楼がそびえている。（著者撮影）

バスティードとは、ボルドーからトゥールーズ周辺地域に及ぶ西南フランスの平野部で、一三〜一四世紀に建設された一群の定住地の呼称である。半都市半農村的であると同時に、軍事防衛的要素も兼ね備えた特徴的な姿をもち、その数は、五〇〇余りにも上る。当時、この地域では、プランタジネット朝イングランド国王、カペー朝フランス国王、トゥールーズ伯など、複数の政治勢力が対抗していて、それぞれが勢力圏の維持、拡大と経済振興のために、このような防備集落を計画的に設置していったのだった。

現在、これらの地域は、フランスでも比較的開発に取り残された地方であるため、数多くのバスティードとその建物群が現存している。このため、私たちは、中世に遡る農村的な小都市の典型例をそこに発見することができる。

バスティードの典型的な形は、各辺数百メートル程度の長方形の囲壁に囲まれ、中心の広場を核にして、格子状に直交する街路がめぐらされているというもので、城門のような囲壁の入口や塔など、城砦のような要素が見られることが多い。領主や有力者の代官の館が置かれることもしばしばで、地方統治という行政機能をもつ定住地だったことも実感される。

バスティードの景観の中心は、広場とそれを取り巻く石造建物群である。教会

モンフランカンのアーケード。中世のアーケードが現存する場合、広場側の開口部とともに、ゴシック式のアーチになっている。ここには、教会建築で生み出された建築技術がそのまま用いられている。（著者撮影）

バスティードではないが、ケイリュス（フランス、タルン・エ・ガロンヌ県）にも、市場建物の一角に組み込まれた石造の穀物計量器が残されている。15世紀〜16世紀初めのものらしい。（著者撮影）

コローニュの家畜市の古写真。（コローニュの町の説明書きから、著者撮影）

がそこに面していることはなく、専ら定期市を開くための空間であり、広場の一角に、定期市用の市場建物が設けられていることが多い。そこには常設の店舗のようなものはなく、がらんとした何もない吹き抜けの空間であるが、毎週一、二回開かれる週市の日には、人々がさまざまな農産物を持ち込み、床や簡単な店台に並べて販売したのである。

広場を囲む四辺は、町家に取り巻かれている。一階の広場側は、幅数メートルほどのアーケードになっていて、そこでもまた、天候にかかわらず商取引を行うことができるようになっていた。これはまた、限られた空間のなかで、私的な居住部分と広場という公共空間を両立させる工夫でもあった。

市場建物の片隅には、穀物計量器が置かれていることがしばしばある。トゥールーズ近くのコローニュ（ジェール県）のように一四世紀の計量器が現存している場合もあるが、代表的なバスティードとして知られるモンパジエ（ドルドーニュ県）などでは、今なおブリキ製の計量器が残されていて、つい最近までそこで穀物の売買が行われていたことを示している。これらを見ると、そこが、中世どころか近年まで周辺農村部で生産される穀物取引の場だったことがよくわかる。こうした穀物をはじめとする食料品が、バスティードの週市の商品の中心だった。

また同じコローニュでは、少なくとも二〇世紀前半頃まで、町の囲壁の外側の広場で牛や豚などの家畜市が開かれていた。そこには、一九六〇年代まで公共の秤《はかり》が設置されていて、穀物を積んだ荷車や家畜の重さを量るために用いられていたそうだ。

しかし、バスティードの住民すべてが商人だったわけではない。広場を離れると、農民が居住する家々が立ち並んでいた。彼らは、囲壁の外にある耕地で働くために、毎日町の外に出掛けて行ったのである。いまだ農地化されていない開墾地の開発にあたることも多かったと言われている。

一部のバスティードには、自治特許状が与えられていた。当時、いわゆる自治都市だけでなく、農村に対しても都市と同じような自治特許状が与えられるケースは少なくなかった。その意味でも、中世の都市と農村のはざまに位置する定住地の在り方として、バスティードは興味深い存在である。

第4章 農民の仕事

以下では、一二〜一三世紀を中心とした西ヨーロッパの農村に生きた人々の生業を見てみよう。そこでは、さまざまな仕事と労働の形を読み取ることができる。

1●農業

農作業の中心は、秋に種まきをして翌年の初夏に収穫する小麦とライ麦の冬麦栽培であり、加えて、春に種をまいて秋に収穫する春麦として、大麦、燕麦《えんばく》（オート麦、カラス麦とも呼ばれる）、スペルト麦も同時に栽培された。前者は製粉されてパンとなり、これが人々の主食となった。ライ麦はやせた土地や寒冷地でも栽培が可能で、収穫効率も良かったが、裕福な人々の間では白い小麦粉のパンが好まれたために、小麦の方が好んで栽培された。これに対して、春まき麦である後者は、オートミールのような粥《かゆ》にして食されたり、エールやビールのような麦芽醸造酒の原料となったほか、馬に不可欠の飼料として重要だった。

冬麦と春麦の栽培と地力回復のための休耕を三つの畑で同時に行うことを可能にする輪作方法が三年輪作システムである。そして、それを一人の領主の所領においてではなく、村落共同体として村全体で行うのが三圃制であるのだが、わが国ではそのような厳密な用語の使い分けが行われていないのは残念である。

しかし、三年輪作について、それが完全に土地を三分割する形で初めて行われたことが史料上で確認できるのは、一三世紀前半のパリ盆地の一部所領であったし、その本格的な普及も中世後期を待たねばならなかったようだ。地中海沿岸地方では夏季の乾燥ゆえに春

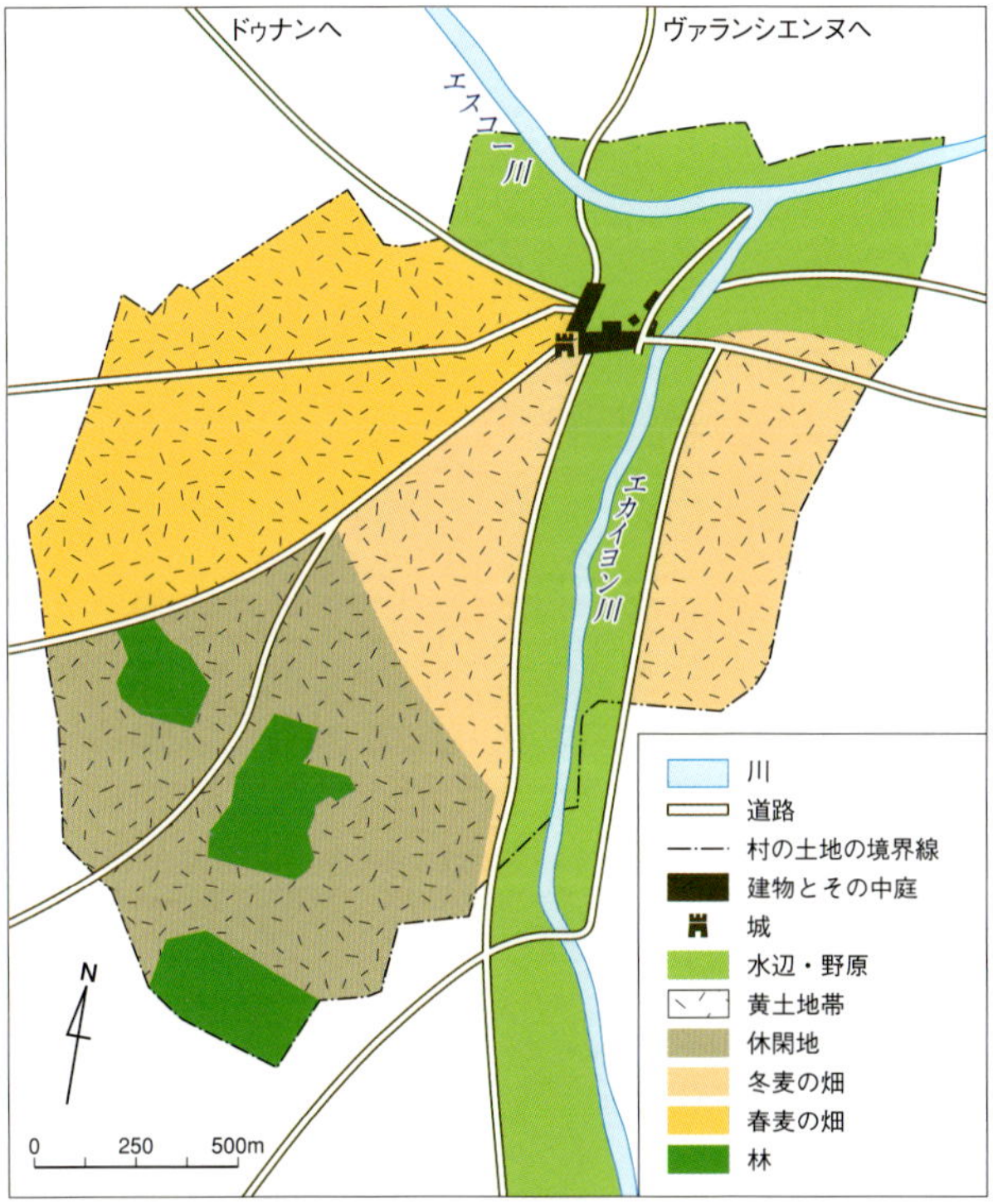

1435年のティアン村（フランス、ノール県）における三圃制の実施状況。この年には、冬麦である小麦畑127ヘクタール、春麦の畑118ヘクタール、休閑地138ヘクタールに３分割されている。これが３年周期でローテーションされていった。ただし、この時には、１人の農民がこれを管理していたので、村全体で行われる三圃制ではなく、正確には、個人による三年輪作というべきである。

麦の栽培はあまり行われなかったし、アルザス地方では、ライン諸都市で大きかった小麦需要に応えるために、二圃制によって小麦だけが栽培された。さまざまな自然と経営の条件のもとで、人々は栽培する麦を臨機応変に選択していたのである。

　加えて、春麦の畑では、畝と畝の間にエンドウ豆やインゲン豆、空豆などの豆類が植えられたが、栄養価に富んだ豆類の栽培は、農民の食生活向上に大いに役立った。『ジャックと豆の木』で描かれるエンドウ豆の力強い成長のイメージは、それをよく象徴しているように思われる。こうして複数の作物を同時に栽培することで、農作業が適度に分散されたほか、天候不順などのリスクにも対応することができたのである。

　麦作に関する農作業のなかで、もっとも重要なのは畑を耕すことである。農民がスコップで掘り返すこともあったが、一般には重量有輪犂を用いて行われた。冬麦の栽培ののち、翌年春に種をまく春麦の畑の場合、種まきの直前に冬麦の切り株を鋤《す》き込むために一回だけ犂耕《りこう》されたのに対して、休閑期のあと、秋に種をまく冬麦の畑はより念入りに耕された。もともと八月と九月に各一回犂耕されて、休閑期中に生えた雑草を念入りに土中に鋤き込んでいたが、一二世紀半ば以降、その回数がさらに一～二回増えた。地力を回復させる犂耕の効果は絶大で、一二世紀半ばのクリュニー修道院領では、三回犂耕した畑は、二回しか犂耕しなかった畑の二～三倍の収穫があったほどだった。

　それまで木製だった農機具に鉄の部品が用いられるようになった時、犂の先端には鉄製の犂先《すきさき》が取り付けられるようになった。一二世紀、フランス東北部の司教座都市メッスでは、同司教区内における犂先の独占販売権をもっていた七人の犂先製造業者がもっとも有力なギルドを組織していた。彼らは、その独占権に対する対価として、毎年二八個の犂先をメッス司教に納め、司教はそのうち一二個を自分の所領用に取っておき、残りは市の有力者の間で分配されていたという。しかし、一三世紀以降、おそらく鉄製犂先の生産や販売、取引がより広範に行われるようになると、メッスの手工業ギルドによる犂先の生産独占の維持は困難に直面したようだ。この事例からは、北フランスにおける鉄製犂先の普及の

人手による耕作。農事暦の3月の一コマ。（13世紀。フランス、ボーヌ市立図書館）

14世紀フランドル地方の重量有輪犂の写本挿絵。馬２頭によって牽引されている。馬の肩首輪の導入によって、馬に犂を引かせることが可能になった。土を縦に切り開く犂刃とそれを掘り返す撥土板がついている。このような形式の重量有輪犂は、近代になるとすべて鉄製になるが、その基本的な構造にほとんど変化はなかった。（オランダ、デン・ハーグ王立図書館）

春麦である大麦などの種まき前に行われた春先の犂耕。重量有輪犂の構造がよくわかる。（1510年頃。ヴェネツィア、マルチアーナ国立図書館）

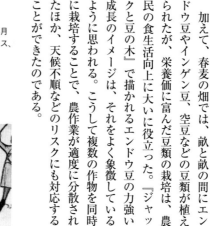

様子を推し量ることができる。

　犂を引く家畜は、牛よりも馬の方がスピードがあり、意外なことに持久力もあるため、作業時間も長かった。耕す耕地にも土壌や季節に応じて耕し易さに差があったので、場合に応じて牛馬が使い分けられ、その頭数も最大八頭程度までいろいろだった。

　重量有輪犂で耕したあとは、ごろごろ転がっている大きな土の塊を砕きならして、麦の種をまけるようにしなくてはならない。このために一一世紀頃から用いられた農機具が馬《ま》鍬《くわ》だった。それでも足りなければ、人力で土の塊を崩した。さらに、冬麦でも春麦でも、種まき後に再度馬鍬をかけて、種と土がよく混ざるようにすることも行われた。

　他方、南フランスを含む地中海沿岸地域などでは、古代以来の軽量の無輪犂が中世に入っても用いられ続けた。軽量無輪犂と重量有輪犂との違いの技術的定義については定説がない。前者は小型だったために無輪であることや、撥土《はつど》板《ばん》を備えた後者を使うと、耕した土が片側にひっくり返されて高い畝が作られることなどが、両者を区別する際に言及されることが多い。かつては、無輪犂を用いる場合には、地中海性気候に対応して、地表を浅く耕すことで土中の水分の蒸発を妨げることが目的だったとされていたが、中世を通じて、無輪犂がスカンディナヴィアで用いられていたことを考えると、必ずしも地中海地方の気候条件に結び付ける理由もなさそうだ。少なくとも言えるのは、このような無輪犂を使った耕作の場合、装備が簡単で、ロバなどに引かせることもできたため、個人経営に適しており、畑が必ずしも開放耕地制の細長い畝の形をとる必要もなかったということである。このようなさまざまな理由から、重量有輪犂が用いられなかった地域で無輪犂が使われ続け、それに伴って、不規則な形の耕地からなる景観や個人的独立的な農業慣行を育んだと考えられる。

　近代の農業と比較した場合、中世の農業の特徴であるのは、肥料の圧倒的な不足だった。

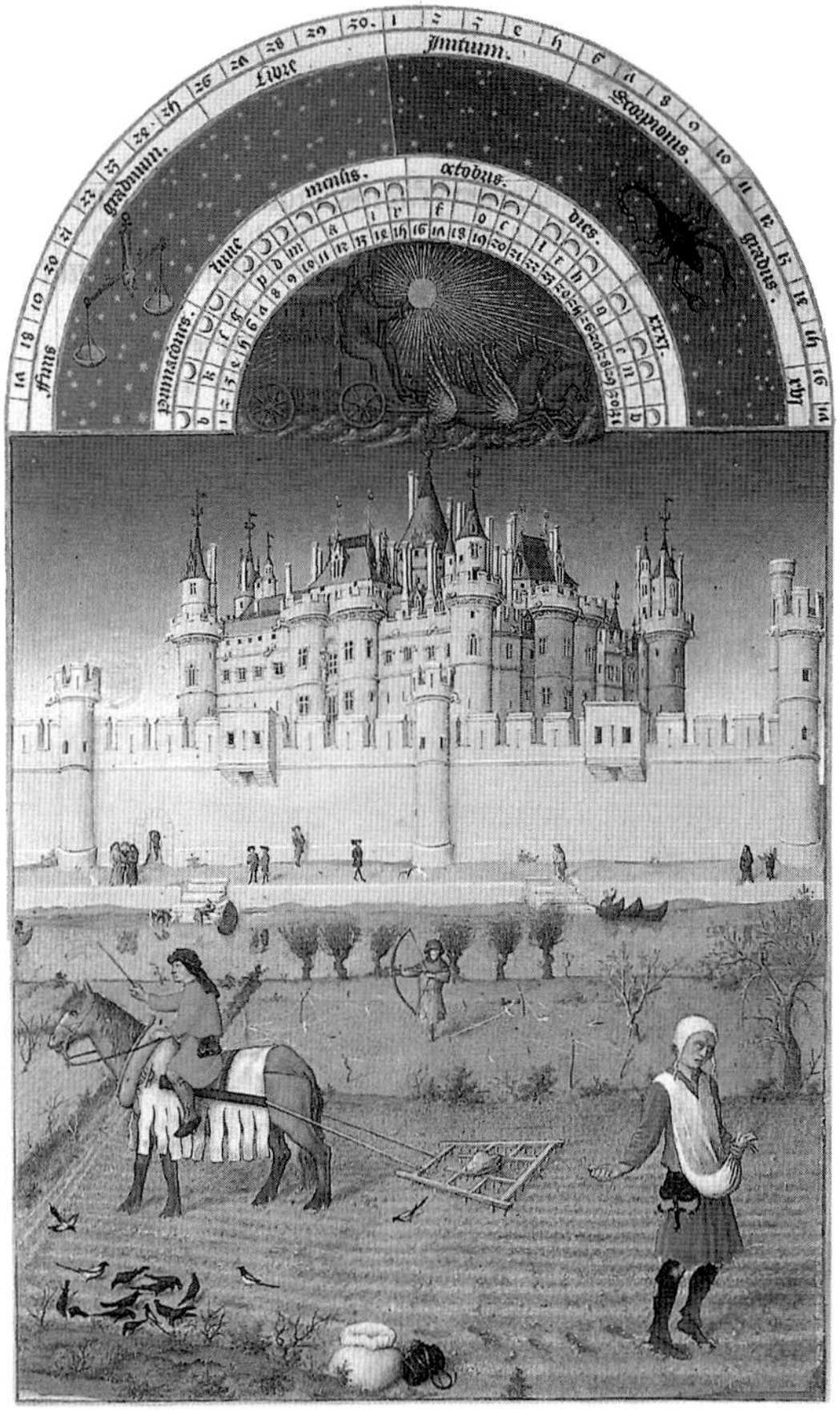

秋の種まき風景。馬鍬をかけている。かかしにも注目。まかれた種をついばむカササギもかわいい。背景はセーヌ川とルーヴル城だが、パリの風景の写実画ではない。『ベリー公のいとも豪華な時禱書』の10月の場面。（1415年頃。シャンティイ［フランス］、コンデ美術館）

南フランスのトゥールーズ地方で制作された写本挿絵に描かれた無輪犂。（14世紀後半。フランス、トゥールーズ市立図書館）

肥料を大量に投下する近代農業では、もはや休閑の必要はない。これに対して、中世では、肥料として家畜の糞以外には、泥灰土《でいかいど》を施すくらいしか方法がなかった。家畜小屋などから出る貴重な牛馬の糞は、スコップを使って丁寧に作物に施されたほか、休閑地に村の家畜を放牧して地力の回復を促すのは、そのための方法だったのであり、これが中世ヨーロッパの農業の限界となった。この点で、マメ科の植物の栽培が発展したことは、地力の回復にも大いに寄与した。こうしてみると、複数の農作物の栽培と家畜の放牧を両立させる三圃制が、中世ヨーロッパの農業技術の基軸だったことがよくわかる。

　こうして栽培された麦の収穫作業では、三日月形の小鎌を使って、伸びた麦の茎の真ん中あたりから刈り取り、一抱えの大きさの束にまとめ、山積みして乾燥させたのち、荷車で納屋に運んだ。その後、地面に並べた麦束を殻棹《からざお》で叩いて脱穀し、箕《み》や布に載せて空中に放り上げ、もみ殻やごみを取り除いて穀粒を選り分けた。それを水車で動かす石臼によって製粉すると、ようやくパンを焼くための小麦粉ができ上がるのである。

　麦以外の作物のなかでは、ワイン用のブドウが重要である。現在よりも温暖だった中世のヨーロッパでは、イングランドなどでも広くブドウが栽培されていた。その反面、ワインの商業生産と輸出のためには、立地条件として、重量のある樽の運搬に適した荷船の航行可能な河川が近くにあることが重要だった。ボルドーやラ・ロッシェルのワイン生産は、大西洋航路によるイングランドやフランドル地方への輸出によって支えられていた。またフランスでは、気候条件がブドウ栽培に適していた地中海沿岸地域よりも、ワイン需要の大きかった北部（パリ盆地北部、アルザス、シャンパーニュ、ブルゴーニュ、ロワール川流域）において、まず先にブドウ栽培が発展している。これらのことは、ブドウという商品性の高い作物の地理的分布の特徴をよく示している。実際、評価の高いワインのもたらす利益は大

マメ科植物の栽培。（15世紀初め。ウィーン、オーストリア国立図書館）

小鎌で麦を収穫するシトー修道院の修道士。Qの字の飾り文字になっている。（12世紀初め。フランス、ディジョン市立図書館）

収穫した麦の打穀。八月の農事暦によく描かれる風景だ。（一三世紀。ラヴァル［フランス、マイエンヌ県］、プリッツ礼拝堂の壁画）

きく、それを求めて、前述の条件に適《かな》った地域では、競うようにしてブドウが栽培されたのだった。

　中世のワインは、ガラス瓶に詰めてコルクで栓をする方法が知られておらず、長期間の保存に耐えなかったために、新酒の販売が近づくと前年のワインの価格は暴落した。現在とは逆に、醸造直後のワインが高値で取引されていたのだ。このため、領主は、生産直後の一定期間、自らが生産したワインを独占的に先行販売する特権をもっていた。

　そのほかの農産物としては、繊維産業の原料となる工芸作物が挙げられる。牧羊から得られる羊毛に加えて、麻や亜麻のような繊維植物、大青《たいせい》や茜《あかね》といった染料植物の栽培が行われた。フランドル地方などに多かった麻類の畑は、農家の近くに設けられていた。

　一四世紀以降、これらの工芸作物の生産は大いに発展することになるが、その頃には、都市向けの野菜（レタス、キャベツ、ニンジン、カブ、タマネギ、ニンニク、メロン、キノコ類など）や果物（アンズ、オレンジ、レモンなど）のほか、特にドイツでは、ビール醸造用のハーブであるホップの生産も盛んになっていった。地中海地域では、古代以来、搾油のためにオリー

ブドウ栽培に適さない北の地域では、リンゴからシードル（フランス語）やサイダー（英語）と呼ばれる醸造酒が作られた。この写本挿絵は、フランドル地方におけるリンゴの収穫を描いている。（15世紀末。パリ、マザリーヌ図書館）

打穀と箕《み》によるもみ殻の除去作業。打穀は、1人で行うこともあったが、のちには、2～4人が一組となり、餅つきのように、殻棹でリズムよく麦の穂を打つようになった。（1490年頃。パリ、アルスナル図書館）

ブドウの収穫と実の破砕。しかし、ブドウの実の破砕は、ワイン醸造同様、むしろ屋内の作業だっただろう。（1270年頃。パリ、フランス国立図書館）

春先に行われたブドウの木の剪定。鉈鎌によって、余分な枝を切り落としている。ブドウ畑が、先の尖った板塀で取り囲まれている様子もわかる。（1490年頃。パリ、アルスナル図書館）

ヨーロッパでは、メロンはむしろ野菜として扱われる。メロンについては、食通だった教皇パウルス2世（在位1464～71年）がその愛好者として名高い。1465年7月26日～8月22日には、なんと145個のメロンを自らの食卓に供させている。1471年7月26日に急死した際には、メロンの食べ過ぎがその原因だと噂されたのだった。当時のメロンは、この写本挿絵のようなスイカ大のものやラグビー・ボール形のものなど、幾種類もあった。（15世紀初め。ウィーン、オーストリア国立図書館）

左上から右下に向かって、レタス、タマネギ、ニンニク、アスパラガス、ホウレンソウ、アンズ、レモン、トリュフ。（15世紀初め。ウィーン、オーストリア国立図書館）

ヴ栽培が続いていたが、一二〜一三世紀以降にはその生産が拡大している。

2●牧畜

　農村の家畜は、古来、囲い込んだ放牧地のほかに、灌木地帯や森などにも放牧されていた。その点で、大開墾時代に森林の伐採が進んだことと、三圃制の下で休閑地での放牧がより組織的に行われるようになったこととは、表裏一体の現象だった。しかし、休閑地に生える草だけでは餌が足りないので、そのほかの放牧地や冬の飼料のための牧草地が必要となった。牧草地では、六月頃、刃渡りの長い大鎌を用いて干し草が刈り取られ、その後、一カ月ほどして再び草が伸びてくると、そこに家畜が放牧された。

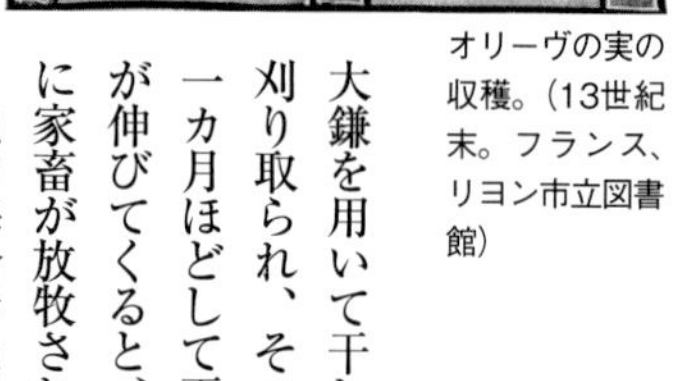

オリーヴの実の収穫。（13世紀末。フランス、リヨン市立図書館）

　地中海沿岸地域やアルプスなどの山岳地域では、牛、羊、山羊などについて、冬の間平地で飼っていた家畜を、夏になると山地の放牧地に連れて行き放し飼いにするという、季節ごとの往復を毎年繰り返す移動放牧が、遅くとも一二世紀以来行われている。

　豚については、天敵がなかったため、森に放し飼いにしておけばよかった。秋には、オークのどんぐり《グラン》を食べて太った豚を屠殺して、冬の保存食料を作る光景は、農事暦の一二月の場面の定番である。この豚の放牧は広く行われていて、森林一般の広さを示す際に、豚一頭の放牧に必要な森林面積を表すグランデ（フランス語）という単位が用いられたほどだった。またこの豚の放牧の権利は、しばしば賃貸の対象となり、森林所有者の収入源となった。

　豚の脂であるラードは、農民の食事に欠かせなかった。一三世紀以降、オリーヴ油やバターが普及したといっても、それらは贅沢品だった。こうして中世には、北部中部のみならずヨーロッパ全体で、ラードが庶民の食事に用いられていたのである。

耕作や荷車運搬のためには牛と馬が必要だった。牛と比べると、馬の方が運搬上の効率の点で優れていたが、まだその数は少なかった。運搬のためには、ロバとラバが牛馬を補っていた。また、羊は、さまざまな用途に役立ったが、なかでも羊毛と羊皮紙をもたらしてくれる点で重要な家畜だった。

食肉のためには、豚に加えて、牛と羊が重要だったが、さらに家禽類（鶏、ガチョウ、アヒルなど）が飼われていた。牛肉は、農村部でも予想外によく食べられていたことが、中世農村の遺跡から出土する骨の分析からわかっている。これらの家畜、家禽とその卵は、農家の食料となったのみならず、余剰分は市場で売られて家計を助けた。また、搾乳用には、牛や羊とともに山羊も山岳部などで広く飼育されており、加えてその肉も補助的な食料となった。

一四世紀以降には、特に羊と牛の飼育が発展した。羊については、毛織物の原料となる羊毛の需要増大がその背景にあった。イングランドでは、ペスト大流行による人口減少によって放棄された耕地を再利用するためということもあって、一五～一六世紀に、それまでの開放耕地を垣根で仕切って羊の放牧地とすることが広まった。これはのちに、第一次

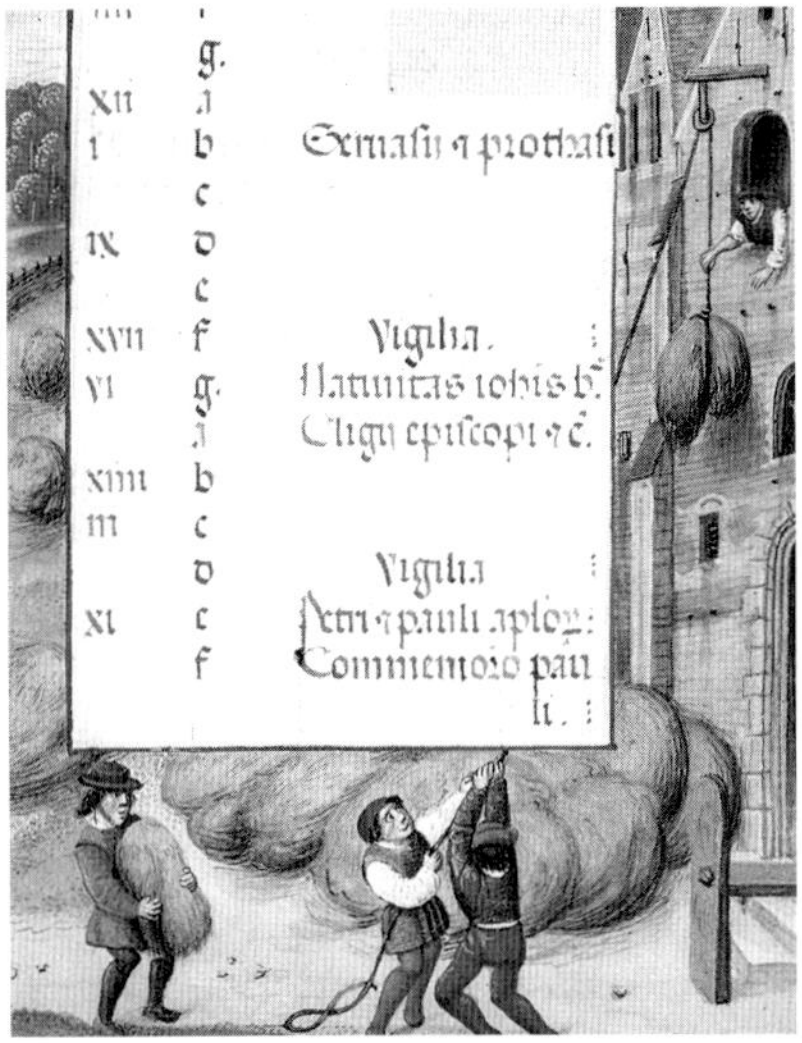

刈り入れた干し草を納屋に運び込んでいる。（1510年頃。ウィーン、オーストリア国立図書館）

6月には、家畜の冬の飼料を備蓄するために、大鎌による干し草刈りが行われた。ベルトにぶら下げた袋には、砥石が入っている。（1181年頃。クレモナ［イタリア］、司教座教会宝物庫）

砥石で大鎌を研ぎながら草を刈っていた。（1260年頃。フランス、ブザンソン市立図書館）

豚の屠殺。1270年頃に制作されたこの写本挿絵では、牛の屠殺と同じように、斧の背で眉間を打っている。（1270年頃。パリ、フランス国立図書館）

秋の森で豚にどんぐりを食べさせている。農民も豚も生き生きしていて、中世盛期の活力を感じさせる。（1270年頃。パリ、フランス国立図書館）

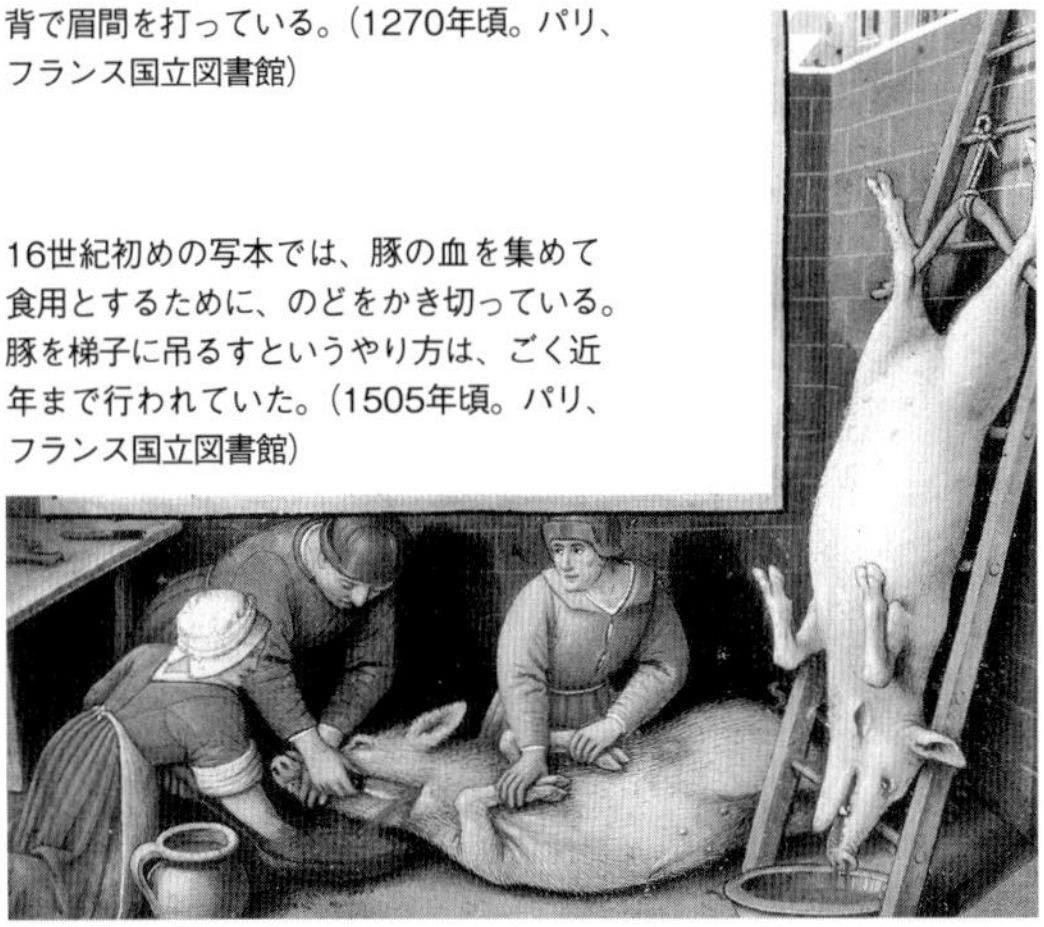

16世紀初めの写本では、豚の血を集めて食用とするために、のどをかき切っている。豚を梯子に吊るすというやり方は、ごく近年まで行われていた。（1505年頃。パリ、フランス国立図書館）

囲い込み運動と呼ばれることになる。イベリア半島では、一二七三年、カスティーリャ国王アルフォンソ一〇世によって、移動牧羊業者の全国組織であるメスタが組織され、移動放牧の経路や放牧地の統制に関する特権が与えられて、その活動が保護された。しかし、このメスタの経営の中心にいたのは、実際に牧羊に携わる個々の羊飼いではなく、騎士団や修道院をはじめとする支配階層の人々だった。

ロバが、切り出した木材を運んでいる。（15世紀後半。パリ、フランス国立図書館）

牛の飼育は、フランスのノルマンディー地方、低地地方、北欧などで発展し、食肉と同時に、都市市場向けにチーズやバターなどの乳製品を生産した。穀物価格が低迷していた中世後期にあっても、乳製品や家畜の価格は比較的安定していたので、牧畜経営は農家に有利に働いたのだった。こうして一四～一五世紀に牧畜が発展した様子は、第三部の農村の家々の節で述べるように、低地地方などの農家建物が家畜小屋を組み込むものだったことによく示されている。

3●森の仕事

農村を取り巻く森林の経済的重要性は、ここまで述べてきたなかですでに明らかだろう。森とはまず、開墾して畑を生み出す対象であり、そのまま家畜の放牧地ともなった。建築や手工業の用材としての木材が得られることは改めて言うまでもない。

それ以外の森の産物としては、まず薪や木

ある王妃を載せた荷車。15世紀の荷馬車の構造や繋駕法がよくわかる。（1470～75年。コロニー［スイス］、マルタン・ボドメール財団図書館）

鶏やガチョウなど、家禽類の飼育は広く行われていた。その卵も大事な収穫物だった。（15世紀初め。ウィーン、オーストリア国立図書館）

羊飼いと羊たち。6月の羊毛刈り込みの作業風景。（1510〜25年頃。フランス、ルーアン市立図書館）

４月頃になると、冬の間、家畜小屋に入れていた牛、羊、山羊を放牧した。羊飼いの仕事も忙しくなる。（1525年頃。ウィーン、オーストリア国立図書館）

羊を囲いの中に入れて、乳を搾っている。（14世紀。ロンドン、大英図書館）

チーズ専門店。現在のチーズの形と同じ。（15世紀初め。ウィーン、オーストリア国立図書館）

藁葺きの農家で、チーズを作っている。（15世紀後半。パリ、フランス国立図書館）

炭という燃料を挙げねばならない。石炭や泥炭は中世でも用いられていたが、補助的燃料に止まった。これに対して木材燃料は、中世どころかフランスなどでは一九世紀に至るまで、主要燃料の地位を保ち続けた。

炭焼きも、他の用途の木材と同様、樵《きこり》が立木を切り倒すことから始まる。樹木の伐採は、樹液が下がる冬に行われることが多く、炭焼きは夏の作業だった。ヨーロッパの炭焼きは、伐採した木材を森のなかの空き地に半球形に積み上げ、その外側を泥で覆ってから蒸し焼きにするという方法で行われた。日本のように、専用の窯が設けられることはなかったのである。森のなかをあちこち移動しながら炭焼きを行うと、それらの場所には黒い円形の炭の跡が残されることになるが、これは、現在では、かつてそこに森があったことの貴重な証拠となっている。しかし、樵にせよ炭焼き人にせよ、森のなかを移動して働いた人々の実態はあまりよくわかっていない。

栗やクルミ、果実やキノコの採集も、農村の食生活には欠かせなかった。ことに収穫直前の端境期《はざかいき》や飢饉の際には、重要な補助食料となった。なかでも栗は、フランス中南部やイタリアの山岳地方など、十分な耕地が得られない地域では、麦に代わって炭水化物の供

乳搾りとバター作りの作業風景。（16世紀初め。パリ、プチ・パレ美術館）

炭焼きの風景。（15世紀半ば。ウィーン、オーストリア国立図書館）

薪作り。（1510～25年頃。フランス、ルーアン市立図書館）

給源となった。栗粥のほか、栗のパンも作られたが、生産地内で消費されるだけのローカルな食品だったようである。またクルミは、圧搾してクルミ油を採るのに用いられた。

養蜂は、主に森を舞台として行われた。天然の蜂の巣を直接採集することもあったようだが、中世にはすでに藁で編んだ釣鐘形の養蜂箱が用いられていて、組織的な養蜂が始まっている。古代地中海世界では、盛んに養蜂が行われていて、アリストテレス、ウェルギリウス、ワッロ、コルメッラなどの著者が多くの養蜂研究書を書き残しているので、養蜂技術はおそらく古代地中海文明から伝えられたものだろう。

11世紀南イタリアで描かれた養蜂の写本挿絵。（ローマ、ヴァチカン図書館）

養蜂箱には、藁で編んだ釣鐘型のかごが用いられた。（15世紀初め。ウィーン、オーストリア国立図書館）

ドイツの帝国都市ニュルンベルクの郊外に広がるローレンツの森とゼーバルトの森という二つの神聖ローマ皇帝の御領林には、皇帝に直属する養蜂専門の集落が二七、養蜂園が九二カ所もおかれていた。彼らは、皇帝に対して「蜂蜜金」と呼ばれる貢租を支払う一方で、独立した養蜂裁判所をもつなど、多くの特権を皇帝から認められていた。このことは、森での養蜂の権利と森林そのものの支配権との関係をよく示している。

このほか、森はさまざまな鉱物資源の採取地でもあった。その典型が、露天掘りで採掘されることが多かった鉄鉱石であり、森で生産される木炭を燃料とした、小型の炉による製鉄作業もまた森林内で行われていた。一四世紀に水車稼働による送風装置が登場すると、製鉄場は川のほとりに移動するが、それでも森から遠く離れることはなかった。瓦やレンガ、ガラスの生産も同様である。

製鉄の場合、社会全体としては、生産された鉄の多くは騎士の甲冑や武器に用いられたのだが、農民にとっては、製鉄業の発展が鉄製の農具や道具の製造と普及を促したことが重要である。

こうして見ると、木材燃料の採集を筆頭として、森はさまざまな物資の需要を満たす空間だったことが想像できるだろう。農民も含めて多くの人々が森に入り込んでいたのであり、決して隠者やアウトローや魔法使いだけが住む世界ではなかったのである。その結果、一四世紀になると、過度の伐採のために一部の森林の荒廃が問題となり始める。前述したように、森の利用はいつも社会的な緊張関係をはらんでいたのである。

4●漁業

教会によって肉食が禁じられた毎週金曜日や四旬節（復活祭前の日曜日を除いた四〇日間）の際の食材として、魚は欠かせなかった。ニシンやタラをはじめとする海で獲れる魚を別にすると、ヨーロッパ内陸部ではコイやマスなどが獲れたし、海から内陸河川に遡上するウナギ、サケ、チョウザメも好んで漁獲された。チョウザメについては、中世ではローヌ川、ジロンド川、ポー川などに遡上していたようで、干物や塩漬けにして取引された。

ウナギは、もっとも人気があった魚のひとつである。一二世紀後半のフランスで作られた『狐物語』でも、主人公の悪狐ルナールが、魚屋の荷車からウナギの束を失敬する話が語られている。ウナギは、水車を回すために塞《せ》き止められた池で獲れ、水車番の副収入となったり、彼らに課せられる貢租の一部となることがあった。低地地方では、沼沢地で大量のウナギが獲れたと伝えられる。一一八七年のフランドル伯領の年次会計簿では、魚の収入欄に記載されているニシン、カレイ、ウナギのうち、数ではウナギが九割以上を占めている。

修道院などでは、養魚池が設けられてコイなどの養殖も行われていた。このように、中世ヨーロッパにおいて漁獲や魚の消費が少なかったというわけではない。しかし、肉に比べると、魚はあまり人気のある食材ではなく、断食日における肉の代用品という地位に甘んじていた。農村の食生活における比重もさほど高くはなかったし、内陸河川で漁業に従事する者の数も多くはなかった。

森は、オオカミなどの野獣が棲む危険な空間でもあった。農家のすぐ近くに置かれたオオカミの罠。このあと、どうなったのだろう。（1408〜10年。パリ、フランス国立図書館）

アヴィニョン教皇宮殿の「鹿の間」と名付けられた教皇クレメンス6世の書斎の壁に描かれた、養魚池とそこで魚を獲る風景。1343年に制作された。部屋の名前の由来となった鹿狩りの絵も描かれていた。ともに、教皇にはあまり似つかわしくない世俗世界の情景だ。（アヴィニョン［フランス］、教皇宮殿）

5●バナリテの装置

領主裁判権を背景として、封建領主が、住民の生活に必要な施設を設置、維持すると同時に、その利用を周辺住民に強制して、その使用料を徴収するという領主支配の慣行が、中世ヨーロッパでは定着していた。フランス語でバナリテと呼ばれるそのような使用強制の対象となったのが、製粉水車、パン焼き竈とワイン用ブドウ圧搾機である。毛織物を仕上げる際に、織りあがった毛織物を水にさらして叩くという縮絨《しゆくじゆう》工程用の水車や、ビールのような麦芽醸造酒の製造が盛んだった地域ではそのための専用施設も使用強制の対象となることがあった。

このなかでもっとも広まっていたのは、製

網を使った漁獲。パリで制作された写本挿絵。
（1317年。パリ、フランス国立図書館）

水車の貯水池にウナギを獲るためのやなが仕掛けられていて、右端では、ウナギが尾をのぞかせている。（14世紀。ロンドン、大英図書館）

風車でも同様の製粉が行われていた。（14世紀。ロンドン、大英図書館）

製粉水車へ麦を運ぶ女。（15世紀。ニューヨーク、モルガン図書館）

粉水車のバナリテである。水車は、すでに前一世紀に古代ローマ世界で完成された技術であり、中世に入っても各地で建設されていた。一〇八五年に作成されたイングランド王国全体の土地調査台帳であるドゥームズデイ・ブックには、合計五六二四台の水車があったことが記録されていて、これは平均すると、五〇世帯ごとに一台の水車があったことになると言われる。精米された米と同じように、製粉された小麦粉の保存性がよくなかったため、パンを焼くための小麦は、常時製粉しなければならず、製粉水車の需要は大きかったのである。

　このために領主が設置した製粉水車の管理と営業は、専門職人である粉挽き屋が請け負った。彼は水車小屋に常住し、近隣住民から預かった麦を製粉するのだが、でき上がった粉を引き渡す際に、粉の一六分の一ほどを手間賃として差し引いた。その割合は、英独仏どこでもほぼ一律である。その一方で、日本の茶臼《ちゃうす》のような自家用手回し臼の使用が領主によって禁じられたために、自分で製粉して粉挽き代を節約したい人々からは、水車のバナリテは怨嗟の的となった。

　このバナリテを、領主による経済的強制という側面から見るか、農民個々人では建設も維持もできない大型施設の普及の契機と捉えるかについては、さまざまな議論の可能性があるだろう。今ここでは、それよりも、中世ヨーロッパの農村では、パンのための製粉とパン焼き、ワインやビールの生産が封建領主の支配下におかれていたことを強調しておきたい。

6●農村工業

　前節で述べた製粉、パン焼き、ワインとビールの醸造は、現代風に言えば、農村で行われていた食品工業だが、このほかにも農村では、さまざまな手工業が営まれていた。農村

今もコンク村（フランス、アヴェイロン県）に残る公共のパン焼き窯。（著者撮影）

小屋の中にブドウ圧搾機が置かれて、破砕したブドウの実を絞っている。（16世紀前半。フランス、ルーアン市立図書館）

の社会的役割の基本が食物の生産にあったため、写本挿絵などでは農業や牧畜の作業風景ばかりが描かれているが、手工業の仕事もまた、農村の環境と農民の生活サイクルにしっかり組み込まれていた。

まず目に入るのは、村の鍛冶屋である。彼らはもともと領主に仕える職人であり、馬に蹄鉄を打つなどの仕事をしていたが、同時に、村人が使用する農具を製造する独占権をもっていた。このため、農民たちは、材料となる鉄そのものを鍛冶屋に手渡したり、農具製作の手間賃を支払って農具を作ってもらわなければならなかった。しかし、それでも、村の鍛冶屋の活動が盛んだったということは、とりもなおさず彼らの仕事が農民にとって必要不可欠だったことと同時に、農村で鉄製農具が普及していたことの証拠である。

現在のパリの、シャトレ広場脇のポン・オ・シャンジュ橋の場所には、この絵のような「粉挽き屋橋」が架かっていた。そこでは、橋脚の間の船に載せた製粉水車が置かれていて、パリ市民に小麦粉を供給していた。（1317年。パリ、フランス国立図書館）

鍛冶屋が製造した農具はさまざまで、畑を耕す道具（犂先、つるはし、シャベル、鍬など）のほか、麦を刈り取る時の三日月形の小鎌、干し草を刈り取るための大型の鎌、鉈《なた》、斧、ナイフなどに及んだ。牛馬の蹄に蹄鉄を打つ仕事も鍛冶屋に任されていて、現在でも、農村部では、蹄鉄を打つ時に牛馬を固定する設備がしばしば残されている。

家畜の皮をなめして、靴などの革製品の原材料を生産する皮革業は、家畜の飼われている農村と皮革の需要の大きい都市とのはざまに位置する産業であり、農村と都市のいずれにおいても行われていた。ただし、皮なめしには、多量の水が必要だったために、作業場は川や運河の近くにおかれていた。

繊維産業も農村と都市の双方にかかわっていた。中世ヨーロッパが男性中心社会だったことは疑いなく、女性の労働に関する史料はわずかしか残されていない。そのなかで、女性が参加していたことがはっきりしているのは、毛織物からリネン製品まで、さまざまな布を作り出す一連の仕事である。特に、フランク時代までの毛織物生産は、糸巻き棒を使った製糸作業から機織りまで、大部分の作業が農家の女性による家内労働によって行われていた。一一世紀以降には、それらの工房は都市におかれるようになり、男性職人による専門化と分業化が進行していった。

鍛冶屋の作業風景。（14世紀半ば。ロンドン、大英図書館）

麻や亜麻については、繊維質を含む茎を収穫したのち、水に浸してから、繰り返し叩いて繊維を取り出した。この工程は、女性を含む農家の家内労働のひとつとして行われていた。写本挿絵に描かれている光景は、それをよく示している。

　このほか、陶器の製作は、冬の農閑期の二～三カ月間の農民のアルバイト的副業として行われることがあった。オリーヴやクルミから油を搾ることも農民の仕事だったし、ワイン生産地では、オーク材で作られた樽の製造も彼らに任されていた。

7●農村の定期市

中世の農民は、畑の農作業だけでなく、領主のもとに年貢を運ばねばならなかったほか、余剰の農産物を市場まで運んで自ら販売した。流通面での分業が発達していない中世ヨーロッパ社会にあって、職人が自分の工房で作ったものをその場で販売したのと同様である。

　このため、農村でもそこが地域経済の中心となっている場合には、中小の都市のように、定期市が開催されることが少なくなかった。これを突き詰めてゆくと、どこで農村と小都市を区別するのかという問題にたどり着いてしまうのだが、その境目は重なり合っていたと言えるだろう。農村に関するこの章の最後に、そのような農村部で開催された定期市の姿を観察してみよう。

　こうした農村の定期市は、毎週、特定の曜日に開催されたので、日本語では週市と呼ばれるが、欧米語ではマーケット、マルシェ、

馬を木枠に固定して、蹄鉄を打っている。（13世紀。フランス、シャルトル大聖堂のステンドグラス）

このような蹄鉄打ちのための木枠は、フランス語では「トラヴァイユ」と呼ばれ、今でも農村部で見ることができる。サン・アントナン・ノーブル・ヴァル（フランス、タルン・エ・ガロンヌ県）の例。これは主に牛に蹄鉄を打つために使用されていた。（著者撮影）

サン・アントナン・ノーブル・ヴァルでは、最近まで使われていた皮なめし場を見ることができる。上：中央の小川に架る石橋を渡った先にある左の建物1階に皮なめし工房がある。右側の石柱と木製梁の建物の2階でなめし終わった革を干した。下：工房には、数個の石造の水槽が並ぶ。（ともに著者撮影）

マルクトであり、市場《いちば》一般を指している。これに対して、より規模が大きく、一年の特定の時期に限って都市で開催された定期市は、英仏語では、フェア、フォワールと呼ばれるが、ドイツ語ではヤールマルクトであり、これは日本語でいう年市に相当する言葉である。しかし、年市がドイツ語でメッセとも呼ばれるように、年市、週市を問わず、これらの定期市は教会でミサが行われる日曜日に自然発生的に生まれ、教区民が物々交換のようにして生活に必要な物品をやり取りしたことが起源となっていたと考えられている。しかし、日曜日はキリスト教の安息日であったため、教会の指導の下、次第に週日に変更されていったのだ。

　農村での定期市は一二～一四世紀に発展した。フランスでは、一一五〇～一二七〇年代に、領主が定期市開催権を国王から購入することが増加し、領主主導の形で定期市が広まっていった。同時期のイングランドでは、六～七キロメートルおきに市場があったほどで、ひとつの地域内で、曜日が重ならないようにして週市のネットワークが形作られていった。これらの定期市に、農民は自ら生産したさまざまな農産物や家畜を運び込んで販売したのである。

　領主にとっても週市は重要だった。一三世紀頃までは、商品の取引そのものに税が課せられるということはまだなかったが、市場での取引については、その地の領主が治安維持と円滑な取引を保証する代わりに、市場利用税や店舗開設税を徴収したからである。さらに定期市は、領主自身が余剰生産物を売却する場でもあった。こうして、農村での商取引が発展していくにつれて、それは領主の重要な収入源となっていった。

　このような農村部の市場の姿を今なおよく伝えているのは、フランス南西部に残されているバスティードである。集落の中央には五〇メートル四方くらいの正方形の広場があり、その一角には、雨の日でも商売できるように、柱と屋根だけで吹き通しの市場建物がおかれていることが多い。詳しくは、「コラム1 バスティード」を参照していただきたいが、そこでは穀物を中心とした農産物が農民自身によって売られていた。

　バスティードではないが、ノルマンディー地方のディーヴ・シュル・メール（フランス、カルヴァドス県）では、壁で囲まれた木造瓦葺きの市場建物（一五世紀）が現存している。

　さらに、一般に、市場の建物の二階には町

亜麻の繊維を取り出すために、２種類の作業によって、その茎を破砕している。（1510～24年。ウィーン、オーストリア国立図書館）

オリーヴ油製造のために、オリーヴの実を粉砕する装置。左側につないだ馬によって石を回転させていた。（ゴルド［フランス、ヴォークリューズ県］、ムーラン・デ・ブイヨン博物館）（著者撮影）

ろくろを回して陶器を制作している。（1504～14年。フランス、サン・ディエ市立図書館）

樽作り（左側）。樽にたがを嵌めているところ。（13世紀。フランス、ブールジュ大聖堂のステンドグラス）

役場、さらにその上の屋根の頂上には人々に市の開始と終了を知らせる鐘楼が設置されることも多かった。アキテーヌ地方のラ・レオル（フランス、ジロンド県）には、フランス最古の市場建物（ロマネスク式の石造建築。一二世紀後半）が現存しているが、その一階には穀物市場、二階には町役場がおかれていて、二階の部屋では町の裁判役人の会議が開かれていた。市場建物の公共的性格がうかがわれる。かつて、教会の鐘と競い合うようにして鳴らされたであろう市場建物の鐘は、このような世俗の共同体の自治をもっともよく象徴する存在だった。

　ディーヴ・シュル・メール同様、ラ・レオルの場合も、もはや地方の小都市であり、農村とはいい難い。しかし、もっと規模の大きい都市であっても市庁舎専用の建物が建てられるのは一四世紀以降のことであることを考えると、フランスの農村や小都市に残されているこうした市場建物は、農村と都市とを問わず、在地の定期市における商取引こそが都市的定住地の主な起源であったことをよく物語っているのである。

上：ディーヴ・シュル・メールの市場建物。ハーフティンバー式の平屋建て。壁が設けられているのは、おそらくは冬の寒気対策のためだろう。今でも土曜日にはここで市が開かれている。
下：同じ市場建物の内部。窓がほとんどないので、薄暗い。（ともに著者撮影）

ルヴェル（フランス、オート・ガロンヌ県）の市場建物とその頂上にそびえる鐘楼。

column 2

農事暦に見る農民の一年

　一年の月の暦を各月の労働や人々の行事によって表現するという芸術上のモチーフは、紀元前一〇世紀のゲゼルのヘブライ語碑文にまで遡るとも言われる。しかし、この農事暦が、ヘブライズムの伝統に属すのか、中世に入ってから創造されたのかは必ずしも詳《つまび》らかではない。また、同じヨーロッパと言っても、地域によって月々の労働の内容は異なるため、多少の違いを伴いながら、中世には、写本挿絵、教会の石造彫刻、聖歌隊席下の木彫、フレスコ壁画など、さまざまな分野で農事暦が制作され続けた。現在の日本に四月始まりの「年度」があるように、中世ヨーロッパでは、一年の起点が一月一日であることはまれで、クリスマ

旧約聖書の「詩篇」だけを独立させた「詩篇集」や「時禱書」という暦付きの祈禱書に農事暦が描かれることが多かった。後者の代表が、『ベリー公のいとも豪華な時禱書』。（1415年頃制作。シャンティイ［フランス］、コンデ美術館）7月の頁の見開きは、このような具合だ。

スから聖母の受胎告知の祝日（三月二五日）や復活祭まで、国や地域によって異なっていた。しかし、農事暦は一月に始まるので、それに従って、農民の一年の生活をたどってみよう。

一月は、冬の生活風景のほか、旧年と新年の両方を見る二つの顔をもつ古代ローマの神ヤヌスなどで表現される。ヤヌスの場合、酒盛りの姿で描かれるのは、クリスマスから一月六日の主の公現祭までの二週間に祝いと宴会が続いたからだ。そのあとは、二月の謝肉祭を最後にして、復活祭前の禁欲期間に入る。この頃は雨季でもあり、暖炉の前で暖まりながら、濡れた靴を乾かす農民が描かれる。

三月からは、春麦（大麦や燕麦）のための犂耕と種まきやブドウの枝の剪定など、畑での農作業が始まる。四月と五月は、春と芽吹きの季節を迎えて、戸外でこれらを愛でる情景が描かれた。ドイツやイギリスなどで祝われる五月一日の五月祭は、ゲルマン的な樹木信仰に由来する春祭りである。

六月には、冬の飼料となる干し草にする牧草を大鎌で刈り取る作業をはじめとして、休耕地の犂耕、羊の毛の刈り取りなど、さまざまな農作業が目白押しだ。七月は、待望の主穀である冬麦（小麦やライ麦）の収穫の月である。中世でも一四世紀頃までは、三日月形の小鎌で上の部分だけを刈り取っていた。少しでも取りこぼしがないように注意していたに違いない。八月は殻棹による麦の脱穀、九月と一〇月はブドウの収穫やブドウを搾ってワインを作る情景が一般的だ。この頃には、冬麦のための犂耕と種まきも行われた。

一一月になると、冬の準備が始まる。森に放牧した豚にオークのどんぐりをたくさん食べさせて太らせてから、一二月にそれを屠殺して、塩漬け肉やソーセージにして保存食料とした。この頃になると、昼間の時間はどんどん短くなり、クリスマスを迎えるための一二月初めの待降節の始まりとともに、人々の気持ちは次の年のサイクルへと向かっていったことだろう。

写本挿絵として描かれたなかでは、最古と考えられている農事暦。左上の1月から右下の12月までが並ぶ。この9世紀の農事暦と、第一部の冒頭に掲げた15世紀後半の農事暦を比較すると一部内容が異なっている。（809～821年。ウィーン、オーストリア国立図書館）

第2部 都市の暮らし

中世ヨーロッパにおいて、農業以外の生業に従事する人々もまた、農村において活動していた。後述するように、自給自足社会ではなかった中世初期のヨーロッパ世界では、さまざまな生活用品や在地では得られない食物や嗜好品、奢侈品などを商う「商人」、家畜用の蹄鉄、武具や農作業用の道具（犂や鎌）などを製作する鍛冶職のような手工業者が、農村や修道院の所領でも必要とされたからである。都市の誕生とともに、そうした取引や手仕事を行う「商工業者」は、次第に彼らの仕事に適した一定の場所に定住していったと考えられる。彼らが集住し、定着した空間こそ、都市という世界であった。

第二部では、まず中世ヨーロッパにおいて都市空間がいかに成立していったかをみていこう。

第5章 中世都市の誕生

1●ローマ都市から中世都市へ

四世紀以降進行したローマ帝国の崩壊は、ヨーロッパにおける都市生活に甚大な影響を及ぼした。イタリア半島に発し、西ヨーロッパの大半を征服したローマ帝国は、高度な都市文明を築き上げていたが、ゲルマン民族の侵入は、帝政ローマの都市文明の衰退を導いたのである。とはいえ、ローマ的都市の伝統が完全にすたれたわけではなく、イタリア半島や南フランスをはじめとする地中海沿岸の地域では、ローマ都市の伝統は中世ヨーロッパに引き継がれていった。

古代都市と中世都市の連続性

パリやマルセイユ、ケルンやトリーア、ローマやナポリといったヨーロッパの主要な都市は、六世紀以降も地域の中心地として存続した。むろん多くのローマ期の都市は、中世初期には放棄されたり、都市の市域を狭く縮小されたりした。中世初期に都市を維持したのは、カトリック教会であり、とりわけ司教の存在が、古代から中世への都市の一定の連続性を維持するのに貢献したと考えられている。フランスやイタリアでは、多くの司教座都市が存続していったのである。中世初期のヨーロッパでは、商業もすべて消滅したわけではなく、メロヴィング朝の時代には、地中海商業が依然として継続しており、マルセイユやトゥーロンをはじめとする地中海沿岸の港町が栄えていた。

カロリング時代

カロリング時代（八〜九世紀）になると、北西ヨーロッパを中心に世俗領主や修道院が所領の寄進や開発によって土地所有を拡大するとともに、地域の拠点となるような場所に市場が開かれ、集落の発展がみられるようになった。また、領主の城砦や修道院が地域の軍事的防衛拠点として機能し、守られた空間を作り出したことで、人々が集住するようになり、都市的集落となっていった。たとえば、もともと古代ローマの司教座（キヴィタス）であった北フランスのアラスは、七世紀に創建されたサン・ヴァースト修道院の立地により、都市の重心が司教座（キヴィタス）からサン・ヴァースト修道院を中心とするブルグスと呼ばれる空間へ移り、ブルグスを中心に中世の都市空間が発展していったのである。

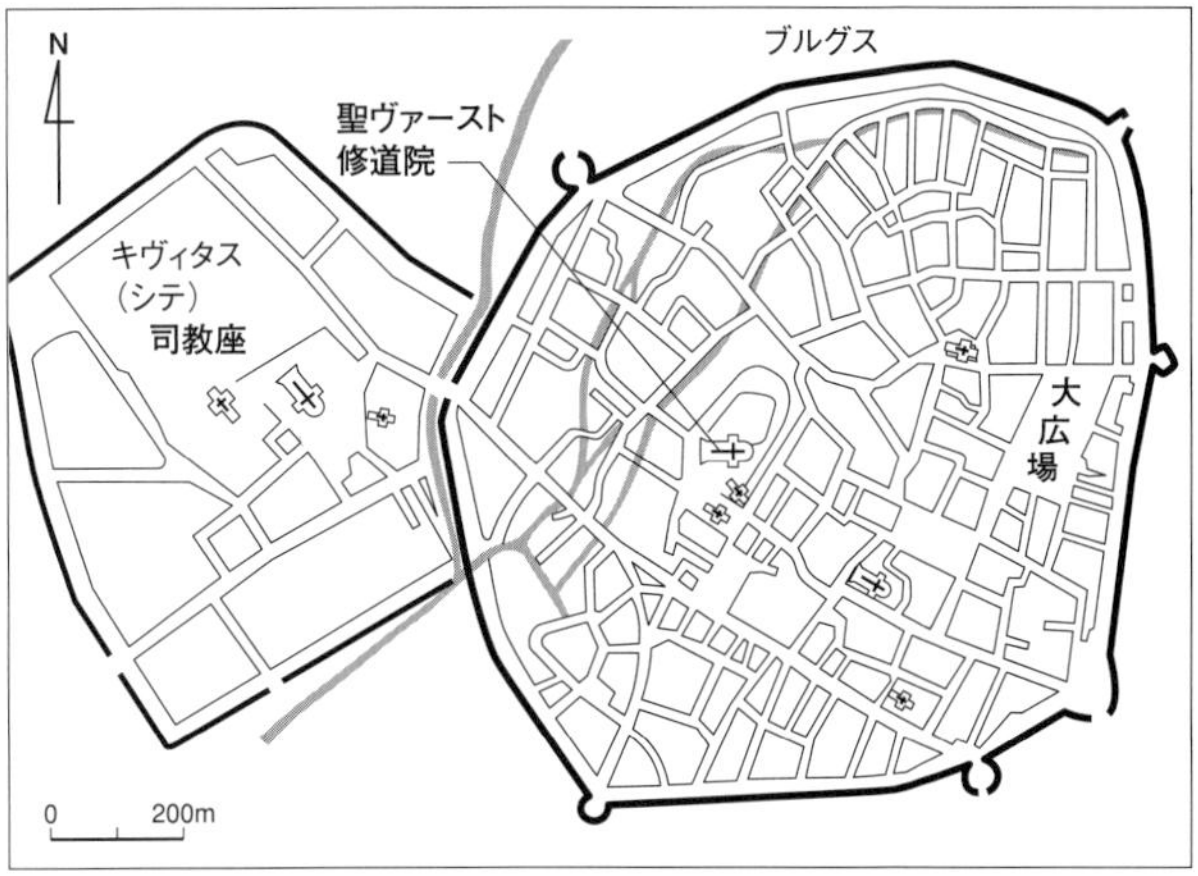

アラス都市図。ローマ時代のキヴィタスの外側に7世紀に建設されたサン・ヴァースト修道院を核として中世のアラスは成長した。

かつてベルギーの歴史家アンリ・ピレンヌは、カロリング時代以降の西ヨーロッパがイスラームの地中海進出によって商業活動の場を失って閉鎖的な自給自足的経済へと退化したとみなし、都市生活と商業活動の衰退を強調したが、近年では、むしろカロリング時代こそ、農業の発展を背景に、余剰を取引する市場が多数生まれ、人々の集まる場が形成され、商品＝貨幣流通が進展したことが強調されるようになってきた。カール大帝（在位七六八〜八一四年）による銀本位制の採用は、国際商業の衰退のためというよりも、銀貨という少額貨幣の流通による地域経済の活性化を反映したものだったとみなされるようになってきたからである。そのような貨幣の造幣所の多くは、都市的な集落に設けられており、一〇世紀以降、地域の中心地としての都市の発展へ貢献していったのである。また修道院も、地域経済の拠点として都市的集落の形成・発展を促進した。この時期に、スイスのザンクト・ガレン修道院に残されている新たな修道院建設のためのプラン（次頁）は、実現しなかったとはいえ、修道院が外部から訪れる人々に対応する組織として、都市的な機能をもつ空間を生み出したことを示唆している。

2●中世都市の団体形成

紀元千年

ヨーロッパでは、一〇〜一一世紀以降展開された農業革命（開墾の発展と農具の改良、三圃制農業経営システムの発展など）と、鉱業（銀、鉄の採掘）の発展、商業活動の活性化などを背景に、商人や職人が地域の中心地としての都市的集落へと集まるようになった。北西ヨーロッパでは、毛織物工業をはじめとする手工業の勃興が、フランドル地方や北フランス地方をはじめとして多くの中世都市の発展と拡大を引き起こすことになったのである。

紀元一〇〇〇年以降、北からのヴァイキング（ノルマン人）の侵攻や、東方からの遊牧民族の西進もやんで、西ヨーロッパに相対的な平和が回復されていった。とりわけ東地中海と北西ヨーロッパにおける南北それぞれの商業活動の活性化は、この時期の都市の発展を著しく促進する役割を果たしたと言えよう。

地中海世界と北西ヨーロッパ

地中海世界では、イタリア半島の港町（アマルフィ、ピサ、ジェノヴァなど）を中心に海洋交易が発展した。イタリア半島の西南部に位置した海港アマルフィは、ビザンツ帝国（コンスタンティノープル）との交易で栄え、ヨーロッパ最古の航海法（アマルフィ海法）が制定されたことでも知られている。ジェノヴァやピサ、ヴェネツィアも一一世紀以降、東西地中海世界での交易で繁栄し、イタリアにおいていち早くコムーネと呼ばれる自治都市を作り上げていった。

他方、北西ヨーロッパにおいても、大陸とイングランド、スカンディナヴィアとの交易が盛んとなり、一〇世紀以前から数多くの商人定住地の発展がみられた。ドレシュタット、ティール、カントヴィクをはじめ、多くの商業地が生まれては消えていった。かつて考えられていたほど、商業活動のみが都市を生み出したわけではなかったのである。都市の生成・発展には、商業をはじめ、さまざまな要因が絡んでいた。そうした要因として、当該の場所が地域の中心地機能をもつことが必要であったと言えるだろう。中心地機能とは、特定の場が周辺地域において、何らか（軍事的、経済的、宗教的、政治的等）の吸引力を発揮して人々をひきつけ、人々の集住する場となっていく機能であり、古代都市とは異なる新たな都市風景を生み出した。中世の都市は、地域の手工業生産、消費・交換市場の中心として、また崇敬される聖人の聖遺物の安置された教会・修道院を擁する宗教的中心地として、一一世紀以降発展していったのである。そのなかで、パリはセーヌ川中流に位置するフランス王国の政治的首都としての位置を占め、宗教的、経済的、文化的機能が集中した北西ヨーロッパ最大の都市となっていった。

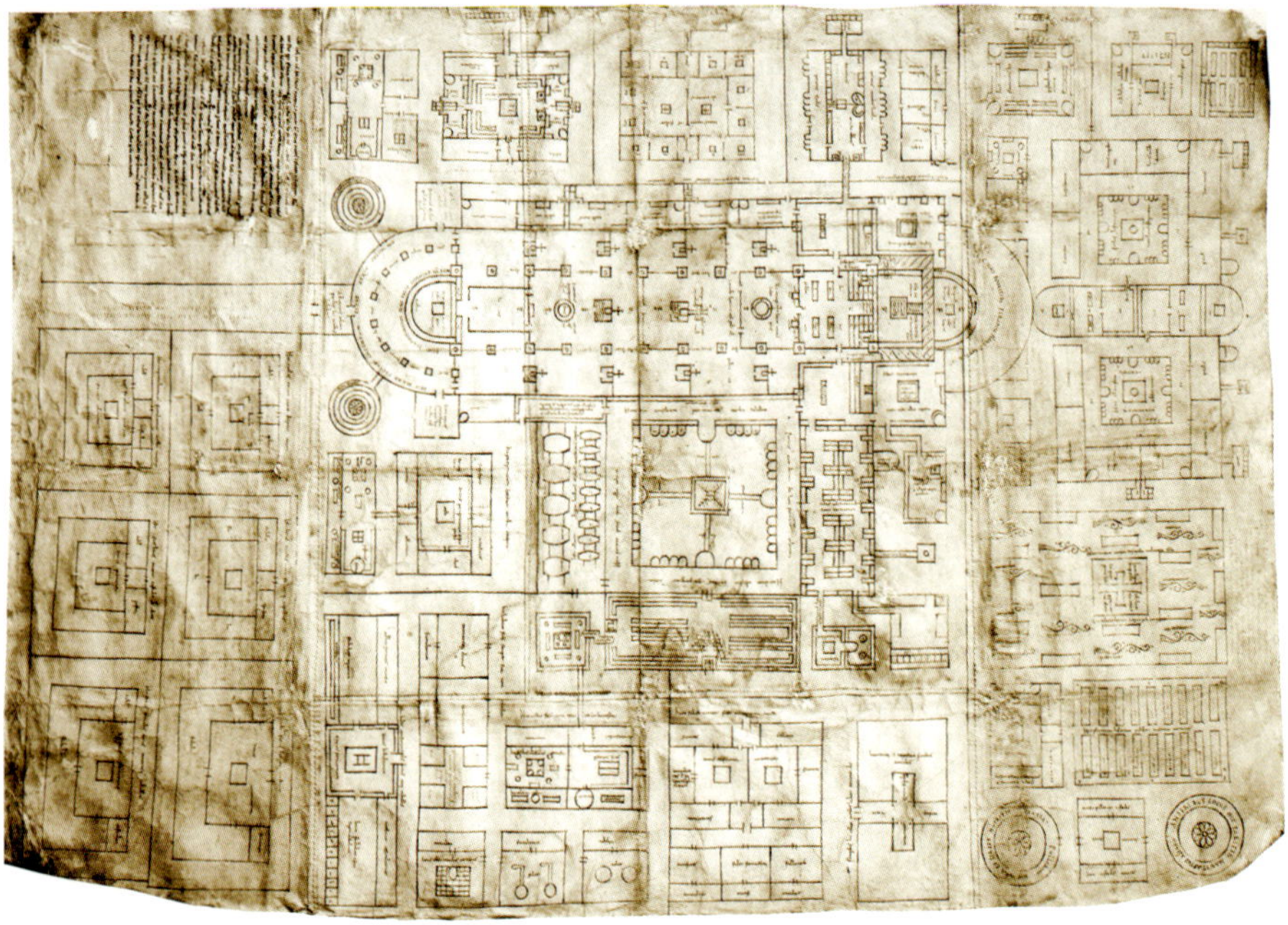

ザンクト・ガレン修道院のプラン（９世紀）。スイス東部のザンクト・ガレン修道院のために825〜30年頃に作成された修道院プラン。巡礼宿所や医療処置の場もあり、外から訪れる巡礼や貧者などに開かれた施設が目指されていたことがうかがえる。

団体形成の場

一一世紀以降、ヨーロッパにおいて都市が形成されていくなかで、都市に定住した住民たちは、特定の団体を組織し、各自の権利と安全を確保しようと試みた。その先駆けが、商人たちの団体（ギルド）である。最古の商人ギルドは、一一世紀前半（一〇二〇年頃）の商業都市ティール（北部ネーデルラント）に存在した。商人ギルドは、いまだ不安定な社会を移動しながら、商取引に従事した者たちの相互扶助の仲間団体であり、本来仲間同士の祭礼、祭儀と深く結びついていた。ギルドの語源となった古代北欧語（ギルディ）が「宴会」「祝祭」などを意味していたことからもそのことがうかがえるのである。商人ギルド規約として最古と言われる北フランスのサン・トメールの規約（一一〇〇年頃）に、商人たちによる都市内の秩序維持、親睦のための宴会の開催、市内での暴力の禁止、市内の道や市門等の整備費用の供出規定など、都市の共同体形成を促進するさまざまな規定が含まれていることは注目に値する。しかし、商人ギルドはヨーロッパのどの都市にも存在していたわけではなく、また商人以外の都市住民を含むような広範な組織ではなかったことから、そのまま中世都市自治体一般を形成する要因とはならなかったと言えるだろう。

都市制度の発展

北西ヨーロッパの都市における住民の自治体形成にとってむしろ重要であったのは、参審人（エシュヴァン）と称された初期中世の時代から存在した領主裁判における役人（審判者）の存在であった。彼らは、もともとカロリング時代の荘園制度のなかで、司教や諸侯といった領主のもとで裁判を司る役人（判決発見人）として機能していたが、一二世紀以降になると、経済的拠点となった都市的集落を支配した都市領主の役人として、都市住民の裁判機構を司るようになっていったのである。参審人職は、領主役人の家系のほか、商人や土地所有者など初期の都市の有力者層により構成され、都市の民事、刑事裁判を司り、次第に都市の自治機構の要となる市政機関（都市参事会）へと発展していった。現在でも、北フランスやベルギーにおいて、エシュヴァン（仏語）、スヘーペン（蘭語）という言葉が自治体の役職（助役）として残されていることからも、中世都市の制度的伝統が今日にまで存続していることがうかがえる。

イタリアでは、一一世紀以来、都市の自治的制度はコンソリ（執政職）と呼ばれる役職によって担われた。ジェノヴァやピサ、ミラノなど、コンソリ職を中心に、自治権を得た都市を意味するコムーネは、都市内部のみならず、周辺領域（コンタード）も裁判管轄領域として支配するようになっていった。一三世紀以降、特にフィレンツェやシエナ、ヴェネツィアなどは、コムーネとして強力な都市国家を形成していったのである。

都市化と都市人口

一一世紀以降ヨーロッパにおける都市化のプロセスは、北西ヨーロッパと北イタリアを中心に進展していった。中世中期までのヨーロッパが基本的に荘園を中心とする農村社会であり、働く者のうち農民が多数を占めていたことは確かであるが、一四世紀初頭までには、大陸ヨーロッパの人口七五〇〇万人の約二〇パーセントに当たる一五〇〇万人以上が都市に居住していたと見積もられている。

ヨーロッパの個別の都市の人口規模も、同時代の中国やイスラーム世界の諸都市に比べれば小さかった。それでも、一三〇〇～五〇年に、推計ではあるが一〇万人以上の人口をもつ「特大都市」としてパリ（二〇万）、ミラノ（一〇～一五万）、フィレンツェ（一〇～一二万）、ヴェネツィア（一二万）、ジェノヴァ（一〇万）など、また四万人以上のインターローカルな「大都市」としてロンドン、ケルン、ヘント、ブルッヘ、ピサなどを挙げることができる。いずれの大都市も毛織物・金属加工業や遠隔地商業・金融業など商工業の拠点として形成されたのであった。

サン・トメール（北フランス）の都市印章。表には都市の裁判を司るエシュヴァン（参審人）の姿が彫られ、法人格をもつ都市としての地位を示している。

シエナの都市役職者の仕事風景。シエナの出納役人が２人で仕事をしている。（1388年。シエナ国立文書館）

他方、人口二〇〇〇人から一万人程度の「中都市」、二〇〇〇人以下の「小都市」が、フランスや神聖ローマ帝国の都市の八〇パーセント以上を占めていたことも事実であり、そうした中小都市の相互のつながりやネットワーク機能が、広大な農村世界のうちに出現した非農業的集落としての都市空間のありようを規定していたと言えよう。人々の集住空間としてのヨーロッパの都市風景の原型は、この時代にさかのぼることができるのである。

ヴェネツィアのドージェ（総督）と顧問。（15世紀。シャンティイ、コンデ美術館）

3●都市のアイデンティティと空間の表象

都市賛歌の記述

都市は、古代オリエント以来その立地と形態において常に宇宙論に基づくシンボリックなイメージをもって語られてきた。中世ヨーロッパにおける都市のイメージもまた、「天上の都市」と「地上の都市」という旧約聖書に由来する世界観により形成されてきたと言える。四世紀の著名なキリスト教の教父アウグスティヌスの著作『神の国』では、旧約聖書の『創世記』（第四章）において人の手になる最初の都市を建設した「カインの物語」に基づきながら、地上の都市が罪を犯した悪しき人間の生きる場として、神の愛に基づく「天上の都市」と対比して捉えられている。「天上の都市」の原型とされたのは、旧約聖書において、神によりつくられたとされたイェルサレムであった。イェルサレムは、地上における「聖なる都市」として、また世界の臍《へそ》（中心）としてイメージされたのである。したがって中世初期に描かれた最初の都市図が、古代末期以来西ヨーロッパのキリスト教徒の巡礼の地となっていたイェルサレムであったことは、当然の結果であったと言えよう。すでに七世紀にイェルサレムへの巡礼を行ったフランク人司教アルキュルフが描いた蠟画《ろうが》が九世紀の写本で残されており、円形のシンプルな市壁といくつかの塔状の建物によってイェルサレムが表現されている。その後、イェルサレムへの巡礼者の増加や十字軍運動の展開を背景に、一二世紀以降、円形の図式化されたイェルサレム図が数多く描かれることになる。それは、「天上の都市」としてイメージ化された都市図であり、現実の都市に対する関心に基づいていたわけではなかった。

他方、中世の実際の都市に対する人々の関心は、古代ローマとの連続性が著しかった北イタリアの都市においてもっとも早く現れて

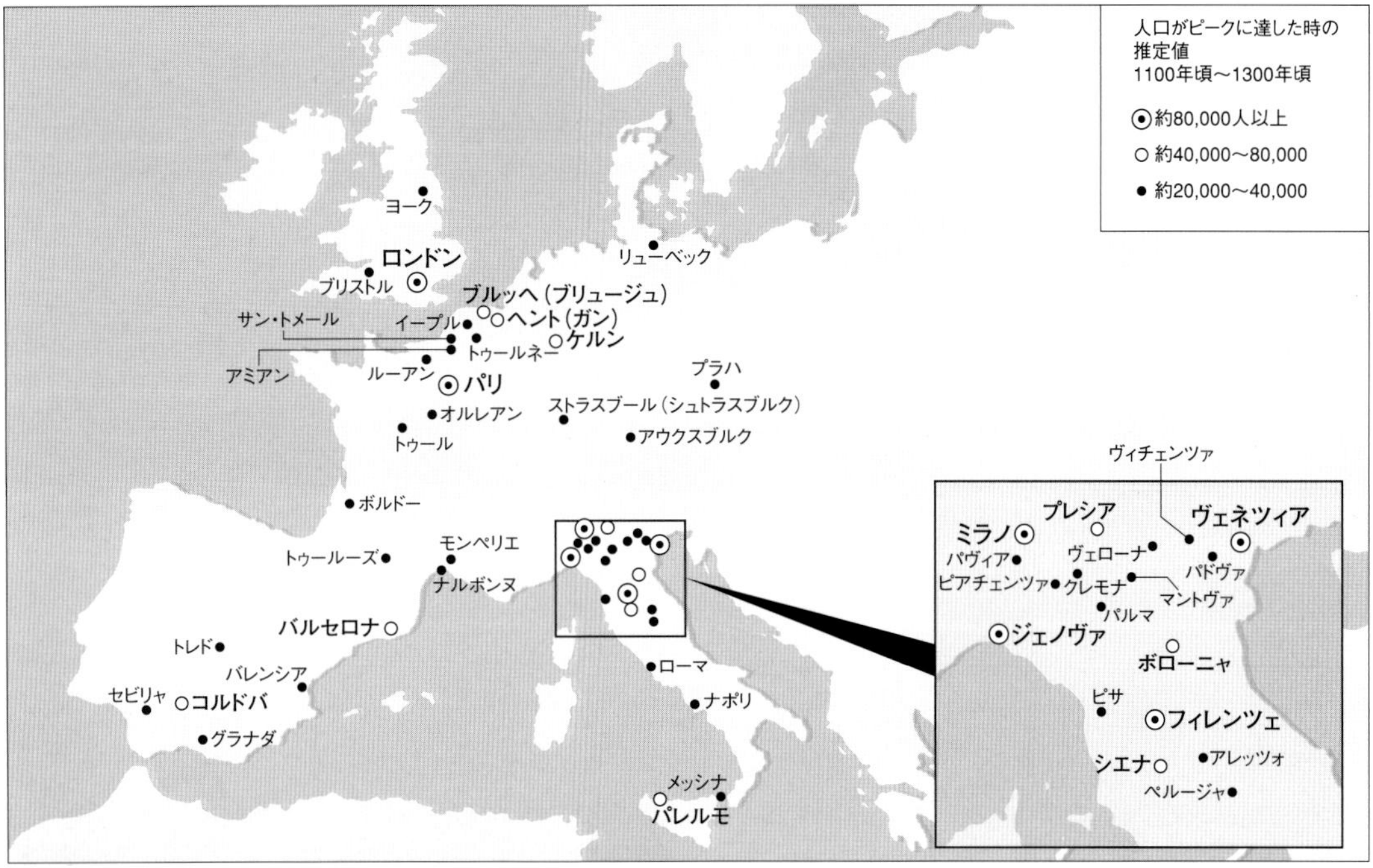

中世ヨーロッパの大都市の分布。10世紀から13世紀の間に北西ヨーロッパと北イタリアを中心に、ヨーロッパ有数の商工業都市が成長した。本図では人口2万人以上の都市が挙げられている。

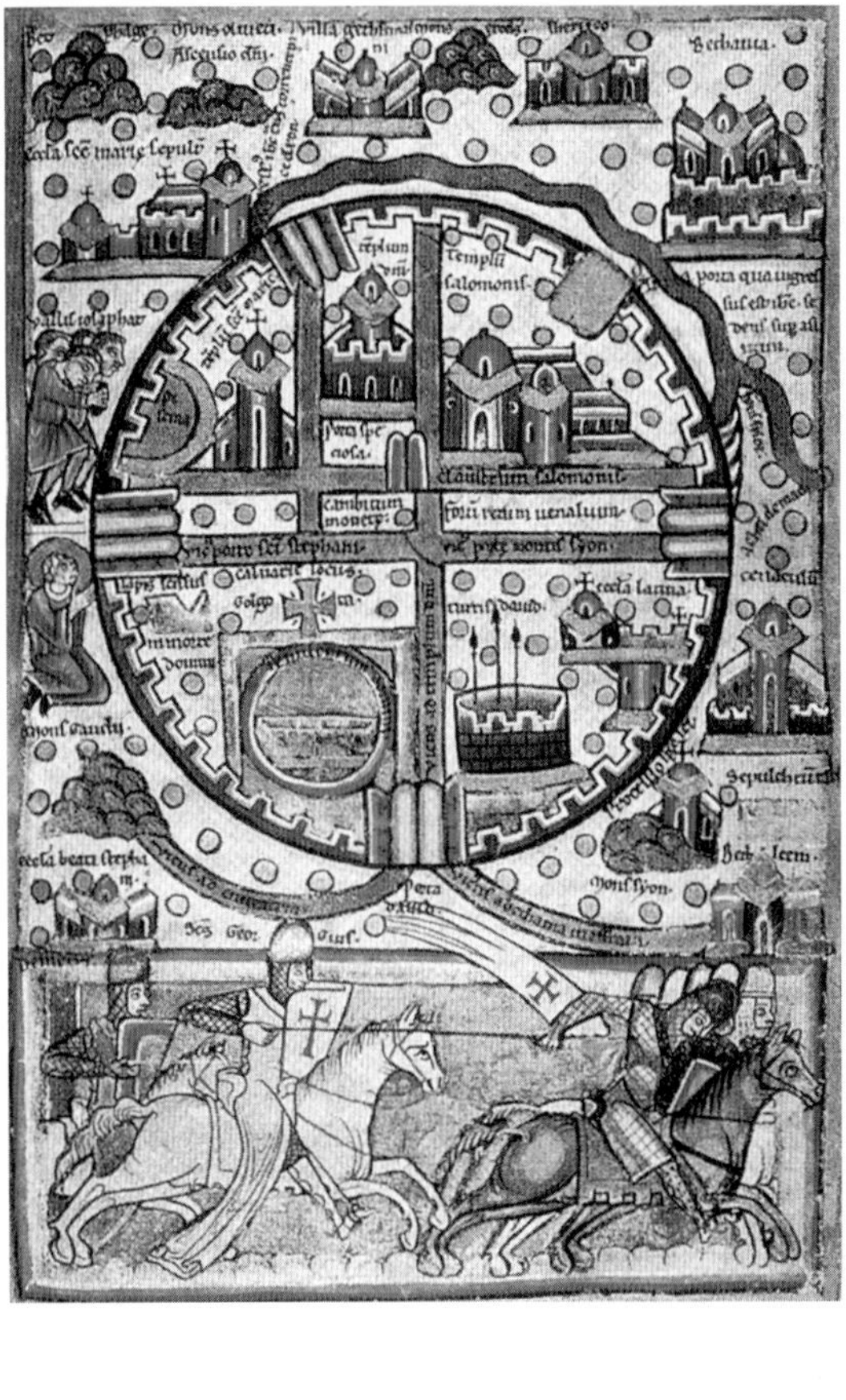

12世紀のイェルサレム図。当時の世界図にならって円形に様式化されて描かれたイェルサレムの都市プラン。円形の城壁内には、巡礼者が訪れたソロモンの神殿や聖墳墓教会が描かれている。（1170年頃のフランスの写本。ハーグ国立図書館）

くる。八世紀前半（七三九年頃）に司教座都市ミラノにおいて韻文形式で書かれた『ミラノ賛歌』が、中世の都市民の愛郷心（パトリオティズム）を示す最初の表現と言えるだろう。この韻文で書かれた『賛歌』において、ミラノの町は、九つの門をもつ市壁に囲まれ、農業的豊かさに満ちた平野に位置し、広場（フォールム）と舗装された街路、水路と教会を備えた聖性と恩寵に満ちた空間である。無名の著者は、聖職者と考えられ、都市ミラノを「天上のイェルサレム」になぞらえている。

この『ミラノ賛歌』に続いて八世紀末（七九六年頃）に書かれた『ヴェローナ賛歌』は、同様のトポス（定型的表現）を用いながら、古代ローマ期の円形競技場や舗装された街路、広場、市壁について語り、続いてこの町の聖人たちの奇跡の業と彼らの残した聖遺物の有する功徳を述べて、豊かで栄えある都市のありさまを描写している。この韻文テキストには、のちに挿入されたとみられるヴェローナの都市図（九世紀末）が添えられていた。現在一八世紀のコピーで残されているこのヴェローナ図は、中世初期のヨーロッパ（北イタリア）の都市の生き生きとした俯瞰《ふかん》図になっている。

ヴェローナ都市図。古代ローマ期の円形競技場や橋が残され、古代都市との連続性が見て取れる。９世紀頃の絵図であるが、原図は失われ、18世紀のコピーとして残る。（ヴェローナ、司教座聖堂図書室）

描かれているのは、ローマ時代からの円形競技場やテオドリック大王時代の市壁、アーチ状の橋脚をもつ石橋、穀物倉庫、サン・ピエトロ教会など、ローマ都市の伝統を継承した司教座都市ヴェローナの古代的遺産とキリスト教的聖性の交錯したイメージを私たちに伝えてくれるのである。

　こうした『都市賛歌』（ラウダティオ・ウルビス）というジャンルは、一二世紀以降より明確に都市民の自己意識や誇りを語るものとなっていった。都市の創建伝承とともに都市賛歌が数多く書かれたのが古代ローマ都市との連続性を強く維持していた北・中部イタリアの都市であったことは想像に難くない。そうした都市の栄光を語る都市賛歌の代表的作品のひとつとして、ミラノのラテン語教師ボンヴェシン・ダ・ラ・リーヴァ（一二四〇～一三一三年）による『ミラノの偉大さについて』（一二八八年）がある。この書は、当時一五万人余りの人口を有したとされている大都市ミラノの豊かさを示すために、穀物、野菜、季節の果実などの消費量、市壁の長さや家屋、井戸、教会や小教区の数、パン屋や内科医などさまざまな職業人の数値を具体的に列挙している。そこには、「数字をして語らしめる」という新たな（「ブルジョワ的」）心性がみられる点がまことに興味深い。こうした都市記述のスタイルは、一四世紀のフィレンツェの著名な「物書き商人」ジョヴァンニ・ヴィッラーニの『新年代記』（ヌォーヴァ・クロニカ）に引き継がれていくことになるのである（コラム3を参照）。

都市の視覚的イメージ

　それでは中世の都市の視覚的イメージは、どのように表現されていったのであろうか。一一世紀以来、ヨーロッパ各地の修道院で作成された世界図（マッパ・ムンディ）についてみると、都市のイメージはきわめて曖昧であったことがうかがえる。一一五〇年頃作成されたマインツのハインリヒによる世界図（次頁）では、イェルサレムとローマ、サンティアゴ・デ・コンポステラの三大巡礼地のほか、ピサ、パリ、ルーアン、ケルン、トリーアの五都市が記載されているにすぎない。これらの都市は、いずれも重要な司教座都市であり、当時の教会知識人にとって、都市はいまだ司教の所在地であること以上の意味をもっていなかったように思われる。

　しかし、一三世紀半ばに書かれた、イングランドのセント・オールバンズ修道院の修道士マシュー・パリスによる『大年代記』（クロニカ・マイヨーラ）には、イングランドの地方図とともに、彼自身は赴くことのなかった大陸ヨーロッパからイェルサレムへと向かう巡礼路に沿った一連の都市絵図が付されている。この絵図には、ロンドンから大陸の北フランス、イタリアをへて、パレスティナの港市アッコンまでが描かれ、それぞれ都市を囲む市マインツのハインリヒの世界図。12世紀半ばに作成されたマッパ・ムンディ（世界の布）と呼ばれる世界図。東を上にして、地中海を挟んで左下にヨーロッパ、右下にアフリカ、上部にアジアが描かれる。地理的な世界というよりも、聖地イェルサレムを中心に、聖書的な世界のイメージが表現されている。（ケンブリッジ、コーパス・クリスティ・カレッジ）

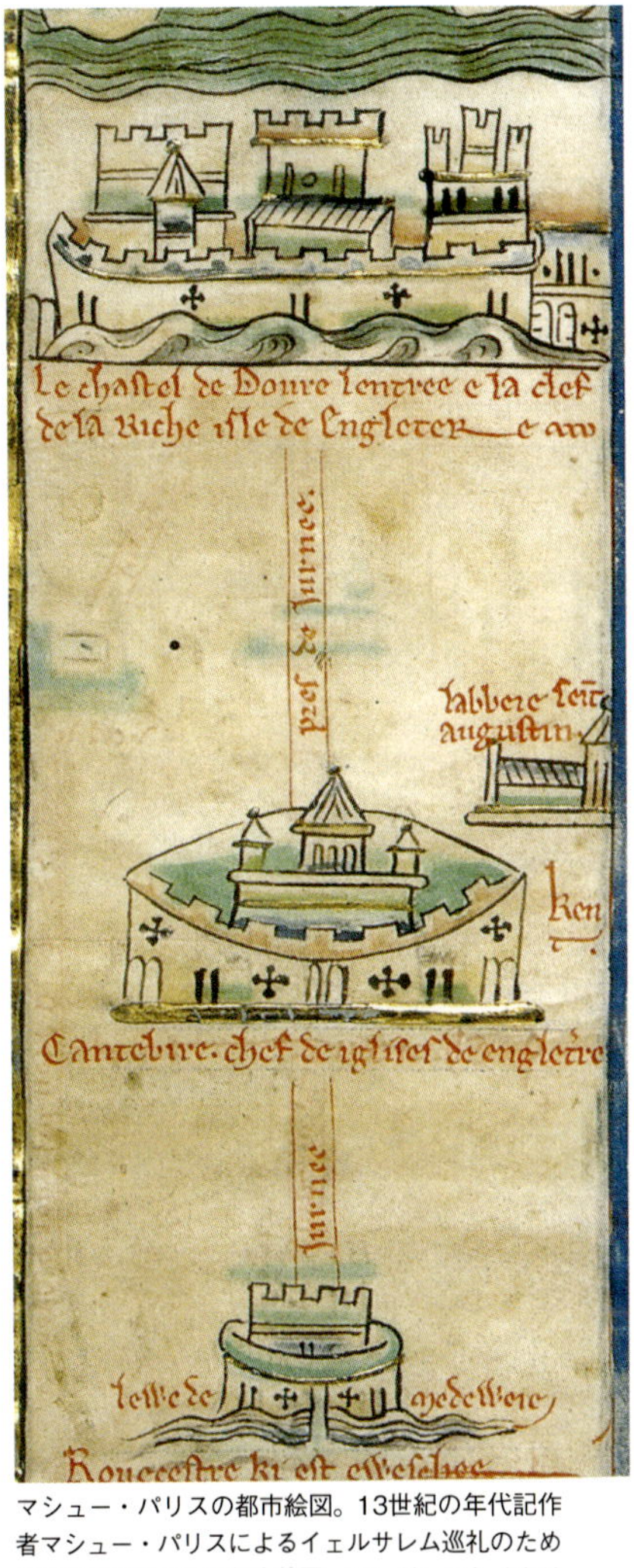

マシュー・パリスの都市絵図。13世紀の年代記作者マシュー・パリスによるイェルサレム巡礼のための旅程図に描かれた都市絵図。ロンドンからイタリアのアプリアまでのルート沿いの都市が描かれている。（1250年頃。ロンドン、大英図書館）

壁と主要な教会、塔状の建築が素描されており、教会人から見た素朴ながら具体的な都市イメージが描かれはじめるのである。

　一三世紀後半から一四世紀後半にかけて、イタリアでは聖母マリアや司教などの守護者により都市全体が守られているという構図で、「聖なる都市」のイメージが描かれるようになることも興味深い。そこでは、守護聖人が都市の単なる霊的な守護者であるにとどまらず、市壁で囲まれた都市空間全体の庇護を担っているのである。代表的な画家としてタッデオ・ディ・バルトロがいる。彼は、シエナ、モンテプルチャーノ、サン・ジミニャーノなどのトスカーナ地方の都市が、それぞれ守護聖人の手の上で守られている祭壇画を描いている。サン・ジミニャーノの図（一三九三年頃）では、守護聖人である司教聖ジミニャーノが

メオ・ダ・シエナ画《聖エルコラノ司教》。都市ペルージャが、守護聖人であるエルコラノによって守られている祭壇画。（ペルージャ、ウンブリア国立美術館）

バルトロのディテール（上）と今日のサン・ジミニャーノ（下）。《聖ジミニャーノと彼の生涯の歴史》の一部をなす。サン・ジミニャーノの守護聖人である聖ジミニャーノが膝の上におかれた都市を彼の保護の下においている。（1339年。サン・ジミニャーノ、市立美術館）

左手でこの都市のミニチュアを抱えている。市壁に囲まれたミニチュアの都市の内部には、コムーネの市庁舎、市門、そびえたつ都市貴族たちの塔など多くの建物が詳細に描かれており、都市民の誇りがそこには反映されているように見える。この図において聖ジミニャーノは、都市を保護し、祝福を与える存在（都市の守護者）として描かれている。『聖ジミニャーノ伝』によれば、彼はかつて、霧でサン・ジミニャーノの町を包み込むことにより、東方の異民族の侵入からこの町を守ったとされており、彼が超越的な存在ではなく都市の身近な守護者として示されているのである。同様な構図は、トンマーゾ・ダ・モデナによるトレヴィーゾを守護する聖女カタリーナ（一三六〇～七〇年頃）や、メオ・ダ・シエナによるペルージャを守護する司教エルコラノ（一四世紀）などの祭壇画においてもみられるところであり、都市と守護聖人の強い絆が表現されている。

都市の両義的イメージ

しかし、都市は、そうした聖人に守られた「聖なる都市」のイメージとは対照的に、教会知識人によって娯楽と奢侈《しゃし》、犯罪と暴力に満ちた「悪徳の場」（バビロン）としてイメー

シエナの町がイエスに向けられた守護者聖母マリアの祈りによって守られるというイメージが描かれている。ネロッツィオ・ディ・バルトロメオ・ディ・ベネデット・デ・ランディ画、ビッチェルナ・パネル。（1480年。シエナ国立文書館）

デーモンに襲われた都市アレッツォを祈りの力で撃退する聖フランチェスコが描かれている。ジォットォによるフレスコ画。(13世紀末から14世紀初頭。アッシジ、サン・フランチェスコ教会)

ジされてもいた。すでに一二世紀のうちに、ライン地方の修道院長ドイツのルーペルトや、シトー会修道院長のクレルヴォーのベルナールら著名な教会人は、都市を悪の巣窟とみなし、非難を加えていた。ベルナールは、説教のためパリに赴いて、パリの学校で学ぶ学生たちに「(悪の巣窟たるパリという)バビロンの真っただ中から飛び去って、自身の魂を救わなければならない」と説いていたのである。

中世中期まで、都市は、「聖なる場」と「悪徳の場」の両義性を有する空間として教会人には意識されていたと言えよう。

「悪徳の場」としての都市イメージの背景には、商品=貨幣流通の拠点、商業活動の拠点としての都市のはらむキリスト教倫理との相克が存在した。一一世紀以降、カトリック教会は、「七つの大罪」(傲慢、貪欲、色欲、激怒、大食、嫉妬、怠惰)のなかで、「傲慢」の罪に代えて、「貪欲」をもっとも重大な罪とみなし始め、高利貸をはじめ商業・金融業に携わる者たちに対して、魂の救済への障害として、貨幣による富の蓄積を非難したのである。そのため、都市の商人たちは、商業・金融業による富の獲得をいかに正当化するかという課題に直面した。一一~一二世紀は、商業で富を得た「金持ち」という概念がヨーロッパで認知されていく一方で、イングランドの聖ゴドリックやイタリアの聖ホモボヌスのように、商人・両替商として成功したのち、その富を放棄することで「聖人」として祭られる人物が生み出された時代でもあった(宮松浩憲『金持ちの誕生』)。こうした富をめぐる両義的な意識の相克において、一二世紀末以降、天国と地獄の中間の領域として「煉獄」の観念が神学者たちによって導入されていったことは、きわめて重要な変化であったと言えよう。「煉獄」とは、生前に自身の犯した罪の償いを果たさずに死んだ者が、苦しみと審判を受ける場とされ、そこでは、たとえ両替商のような罪人であっても、生前に何らかの善行を行っていた者は、煉獄における審判により地獄行きを免れ、天国への道が開かれる可能性が与えられた。したがって、金持ちであっても、生前に貧者への喜捨を行った者は、その贖罪の行為により死後、その魂は「煉獄」から「天国」へと導かれうると説かれたのである(J・ル・ゴフ『煉獄の誕生』)。

　この論理を推し進め、都市の存在と商業・金融活動を肯定しながら都市民へ向けた救済のための説教活動を行ったのが、一三世紀に登場したフランシスコ会をはじめとする托鉢

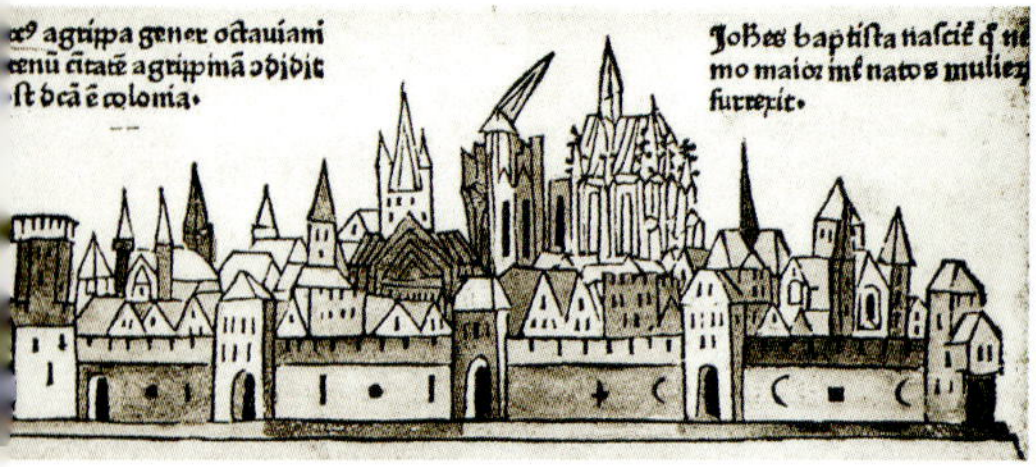

描かれたケルンの市壁。教会の尖塔が立ち並び、水平的視点から中世のケルンの景観が表現されている。（ロンドン、大英図書館）

城壁により囲まれた南仏都市カルカソンヌの現在の景観。凝縮された都市空間が印象的である。都市の起源はメロヴィング時代にさかのぼるが、中世の間に拡張された。

地上の都市と天上の都市（アウグスティヌス）。下方に描かれる地上の都市には、さまざまな身分や職業の人々が都市の市壁の中で分けられて描かれている。アウグスティヌスの『神の国』の挿絵。（15世紀。パリ、フランス国立図書館）

修道会であった。托鉢修道会は、設立当初から農村ではなく、都市を舞台として説教活動を展開した。農村や人里離れた「荒野」に設立されることの多かったかつての修道会とは異なり、托鉢修道会は、まず「人の集まる場所」を目指し、都市民に向けて司牧活動を行ったのである。こうした托鉢修道会の都市立地と都市民に向けられた説教は、「悪徳の場」としての都市イメージに対して、都市民のなかでとりわけ商人の存在とその活動の正当化へ道を開くものであった。托鉢修道会の出現以来、都市の商人や富裕市民の多くがフランシスコ会やドミニコ会などに帰依し、自らの財産を托鉢修道会に遺贈したことは理の当然であったのである。

都市のランドマーク

市壁

中世ヨーロッパの都市は、多くの場合、都市空間を取り囲む石造りの壁（市壁）により、周辺の農村領域から区別される固有の領域を形成した。もちろんすべての都市が市壁を建設したわけではなく、また囲壁をもつ村落も存在した。しかし、市壁が「中世都市のもっとも重要な物理的、象徴的要素であった」（J・ル・ゴフ）ことは、否定できないだろう。市壁により、都市は可視的な境界を作り出し、都市空間のもつ聖なる象徴的力が生み出されたからである。「囲む」行為は、都市だけではなくさまざまな空間の区分において本質的な意味をもっていたと言えよう。したがって、一二世紀後半にイタリア遠征を行ったドイツ皇帝フリードリヒ一世によるミラノの市壁の破壊や、一五世紀後半のブルゴーニュ公フィリップ善良公と息子のシャルル突進公によるディナンの市壁破壊は、君主権力による都市支配の具現化の象徴的行為であった。

　都市当局にとって、市壁の拡大や再建活動は、外敵に対する防衛の必要性だけではなく、都市の成長と発展への対応であった。一一世紀から一三世紀にかけて、多くの都市では、古くからの都市核がその周辺部と融合し、二次的市壁の建設によって都市市域を拡大していった。ここでは、フランドル都市ブルッヘの事例を紹介しよう。ブルッヘは、一一世紀末に最初の市壁が建設され、七〇ヘクタールの空間が囲い込まれたが、その後人口の増加とともに、一三世紀末の第二次市壁の建設により四三〇ヘクタールと約六倍の広さへと拡大された。その空間は以後、一八世紀にいたるまで維持されており、今日においてもかつての市壁の外側の堀（運河）に沿って町を一周することができ、中世の都市空間の広がりを体験できるのである。

　市壁は、都市の統合と威信の象徴であり、しばしば都市の印象や貨幣の図柄として象徴的に表現された。ネーデルラントのミッデルブルフの都市印章（左上の図）を見ると、市庁舎の建物を中心に、都市を囲む方形の市壁が強調されている。また、都市の守護聖人や紋章を市壁上に刻んだり、華麗な意匠を市壁に施したりして、自らの都市の聖性や政治的権威、経済力を示す象徴的機能が付与されることもあった。

　市壁は、石（石灰岩や砂岩）やレンガ積みで強固につくられたが、その高さや大きさは都市の人口規模や防衛機能、地域における都市の威信を反映してさまざまであった。フラン

ミッデルブルフ（ネーデルラント）の都市印章。方形の市壁に囲まれた都市景観が彫られている。

中世後期（14世紀）のチューリヒの風景。（16世紀制作。スイス、アーラウィ州立図書館）

フラ・アンジェリコによるフレスコ画の背景に描かれた城壁に囲まれた都市。〈Pala di Santa Trinita〉の一部。（1437〜40年頃。フィレンツェ、聖マルコ美術館）

貧民がシエナの市門から追い払われる情景。14世紀前半のミニアチュール。(フィレンツェ、ラウレンツィアーナ図書館)

『サン・ドニ年代記』に描かれたパリの市門の風景。四輪馬車と船で商品が運ばれてきている。(14世紀。パリ、フランス国立図書館)

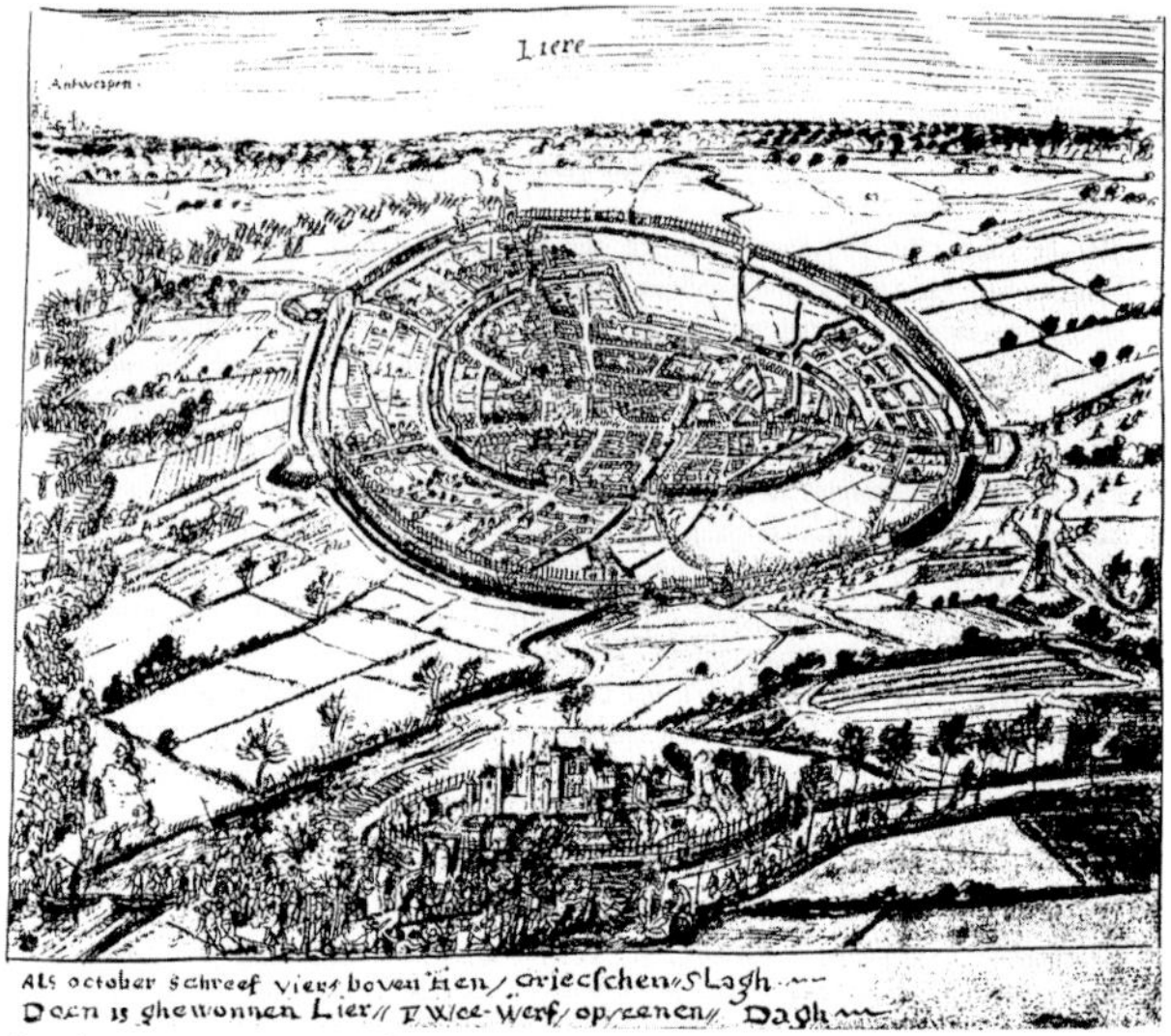

森の中のニュルンベルク。(神聖ローマ)帝国の森の中に位置するニュルンベルクの景観図。(16世紀。ニュルンベルク、ゲルマン国立博物館)

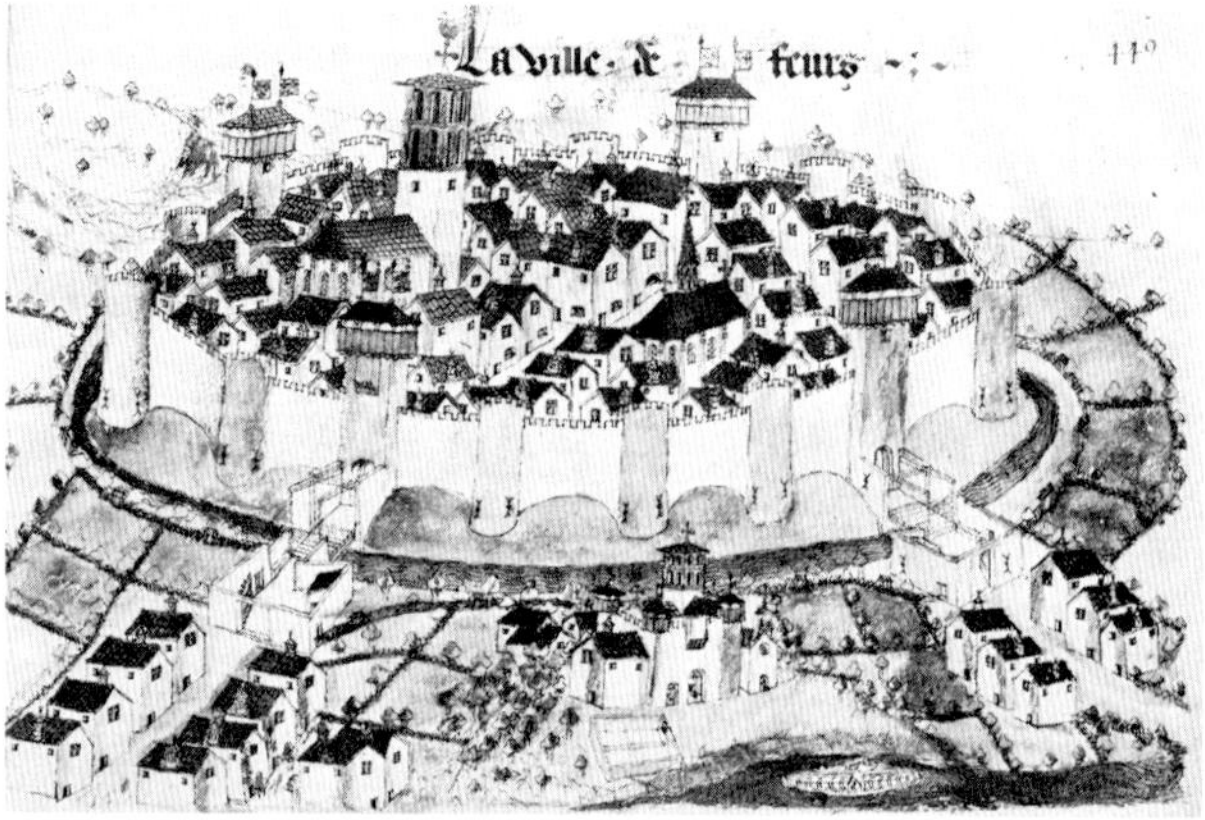

フランスのフォレ地方の小都市フール(Feurs)を描いたミニアチュール。都市内に家々が密集している姿が描かれている。市壁の周囲には堀が設けられ、市門の前には橋がかけられている。市門の外側の道沿いにも家々が立ち並び、城外区(フォーブール)を形成している。(パリ、フランス国立図書館)

南フランスのカオールの防備された橋に設けられた市門。

ス国王フィリップ・オーギュスト（在位一一八〇～一二二三年）によるパリの市壁建設は、パリの都市空間において王の権力が及ぶ支配領域を可視的に明らかにしたという点で重要である。セーヌ川右岸地域を囲む市壁建設は一一九〇年代から始まり、パリ市民が費用を負担して一二〇〇年には完成した。都市的発展が後発的だった左岸地区は、王権の費用負担により一二二〇年までに完成し、パリはほぼ円形の空間に囲い込まれることになったのである。市壁の周囲は五・三キロ、壁の高さは八メートルあり、上部には夜間の監視用の巡回路と円塔が設けられていた。一四世紀に人口二〇万人を数えたパリの人口増大に伴い、シャルル五世（在位一三四六～八〇年）期に、この市壁はさらに拡大されることになった。

シエナの現在の市門風景。

市門

市壁の一部をなすとともに、都市の内部と外部（農村）をつなぐ境界的役割を果たした市門は、壁、門、塔の三つの要素からなり、外敵からの防衛施設として不可欠な建築であった。その維持には都市当局によって多大な費用と労力が費やされた。各市門の警備（見張り役）は都市の主要な職業団体（ギルド）のメンバーの義務のひとつとなった。

朝の祈りを告げる鐘が鳴るとともに、市門は開場され、都市における活動が始まる。市門からは周辺や遠方から旅人や農民が次々に入ってくる。夕方には晩課（六時頃）の鐘の音とともに、市内における労働と法行為の終了が告げられた。市門は通常、終課（午後八時から九時頃）の鐘と共に閉ざされた。イタリア諸都市においてしばしばみられるように、市門には、聖母マリアをはじめとする都市の守護聖人の像や聖人画や聖遺物が掲げられたりした。これらの措置は、市壁と共に市門が神聖な性格をもち、都市が守護聖人の保護下にあること、そして何よりも都市が宗教的共同体であることを意味していたと言えよう。都市は、市壁の外側にも周辺農村へつながる城外区（フォーブール）や市外都市支配領域（バンリュウ、コンタード）をもち、戦時には近隣の住民を都市内に受け入れることもあった。その意味で、市壁は、都市と農村を視覚的に峻別しつつも、交流を維持するという両義的

フランチェスコ・ディ・ジョルジョ・マルティーニにより描かれたシエナの景観（上。1467年。シエナ国立文書館）と今日のシエナのカンポ広場と政庁舎。（右。パラッツォ・プッブリコ、1289～1305年建築）

役割を果たしていた。中世後期に描かれた都市景観図は、きわめて印象的にそうした都市の姿を描いている。

広場

中世の都市は、私的空間と公的空間により構成されていた。私的空間は、個々の都市住民の家や店、庭園、菜園等であり、公共的な空間は、誰もが立ち入ることのできる場としての教会（カテドラル）、広場、市場、街路、同業組合（ギルド）や市庁舎の建物などの公共建築からなっていた。その公私の空間のはざまには、居酒屋、宿屋、公衆浴場、娼家のような曖昧な空間も形成された。

現実の中世都市は、計画的な建設によるよりはむしろ有機的成長によりつくられたケースが多い。そのなかで、都市にとって本質的

フランドル都市ブルッへの大広場でのトーナメント。中世後期の都市では、市場広場が、祝祭の折に、しばしば都市貴族らによるトーナメント（馬上槍試合）の舞台となった。この画面は、1468年のブルゴーニュ公シャルル・ル・テメレールとマーガレット・オブ・ヨークの結婚式の祝祭としてブルッへの大広場で行われたトーナメントを描いている。（15世紀。『ノートル・ダムの時禱書』のミニアチュール。ブリュッセル、王立図書館）

な要素となったのが、市場広場（中心広場）である。

中世都市の広場空間の代表例として、ここでは、フランドル都市ブルッヘの広場を見てみよう（前頁右下図）。ブルッヘでは、市庁舎の面しているブルフ広場と、それに近接し、もともとは魚市場として機能していた大広場（フローテ・マルクト）が併存していた。後者の大広場では、毎週金曜日に周辺農村からの農

ルーヴェンのゴシック様式の市庁舎。（1448〜63年建築）

ヴェネツィアのサン・マルコ広場。上：サン・マルコ広場とドージェの館。15世紀のフランスの写本から。下：空から見た現在のサン・マルコ広場の風景。

ブルッヘの鐘楼。中世において、一階部分は毛織物ギルドの会館として使われた。1486年に完成した塔の高さは83メートルある。

民や定期的に来訪する外来商人たちによる食料品と日用品の定期市が開かれ、広場の三方に面してそれぞれ「水の倉庫」(ワーテル・ハレ)と呼ばれた巨大な商品保管施設、毛織物ギルド会館と鐘楼(ベルフォールト)、そしてクリストフォルス教会が位置していた。

ケルン大聖堂。一二四八年に建設が始まったが、その後長期間の中断を経て、一八二四年から再び建設が始まり、一八八〇年に竣工した。

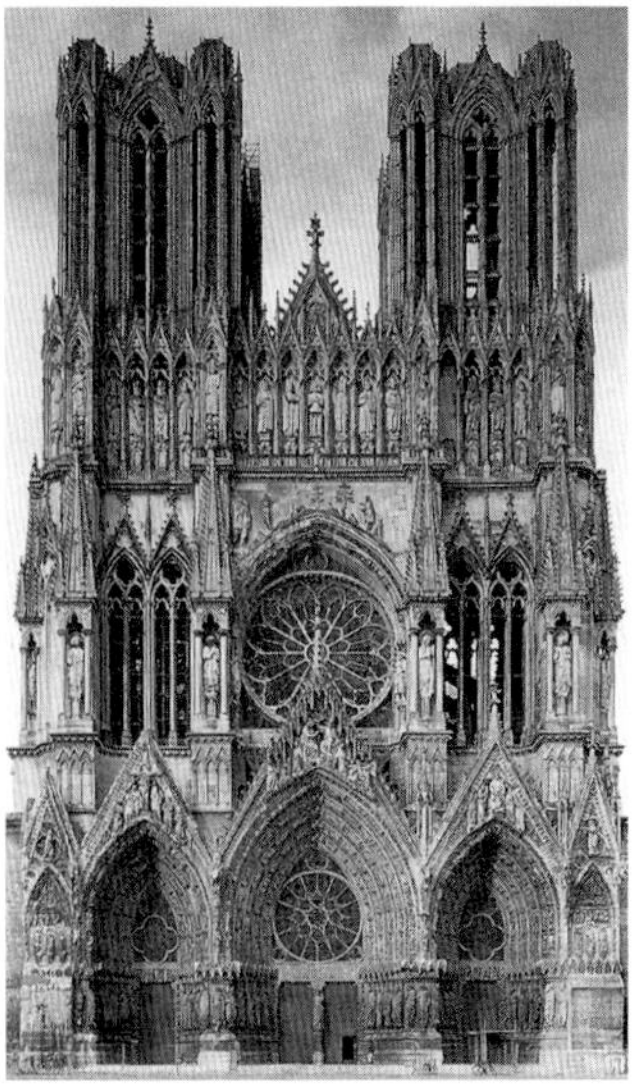

ランス大聖堂の正面。(1254年竣工)

シエナ大聖堂。(14世紀)

この広場は、商工業活動の中心であっただけではなく、都市のギルドのメンバーによる集会や犯罪者・反乱者の処刑が行われた政治的な場であり、また中世後期においては都市貴族やブルゴーニュ宮廷の貴族たちによる馬上槍試合(トーナメント)や宗教行列(プロセッション)などのイベントが行われる祝祭と娯楽の場でもあった。このように広場は、都市民のさまざまな社会関係の結節点としての役割を果たしており、中世都市のもっとも重要な公共空間を構成していたのである。

ジャン・フーケ画、シテ島のノートル・ダム大聖堂を望むパリの風景。(1450年頃。ブレーメン大学図書館)

また、イタリアの都市には現在でも数多くの美しい広場(ピアッツァ)が存在するが、とりわけトスカーナ地方の中世都市シエナのカンポ広場は、その形のユニークさで注目に値する。貝殻形とも扇形(半六角形)とも言われる形状で、一説には、その形が都市の守護聖人である聖母マリアのマント――シエナを包み込んで町と市民を保護する――の形を表現しているとされ、天上の神秘の世界と地上の現実世界の融合する場であったという解釈は、広場空間の有する象徴性を改めて明らかにしてくれている(池上俊一『シエナ――夢見るゴシック都市』)。さらに広場で行われたフランシスコ会をはじめとする托鉢修道会士による罪と救済をめぐる説教は、都市民の心を強く捉えたのであった。

市庁舎

中世ヨーロッパの都市は、かつてその自治的性格が強調され、都市の司法、行政、立法の要として市庁舎の建物はその象徴となってきた。市庁舎は、多くの都市で中心広場に面して建てられており、先述のシエナにおいても市庁舎(パラッツォ・プッブリコ)は、カンポ広場の南側にそびえたっていた。ここでは、フランドル都市ブルッへの市庁舎を見てみよう。ブルッへの市庁舎は、ブルッへの大広場に隣接するブルフ広場の南側に面しており、一四世紀後半~一五世紀前半に完成したゴシック様式の白砂岩造りの建物である。ブルッへの自治機関である市参事会と参審人(スヘーペン)の審議場であり、二階の後期ゴシック様式の大広間は、ブルゴーニュ公国時代には、ネーデルラント最初の身分制議会の開催の場となるなどさまざまな政治儀礼の場となったのである。

ブルッへの小教区区分。

ゴシック様式の建物は中世ヨーロッパでは教会建築によって代表されることが多いが、フランドル地方では、むしろ世俗建築である市庁舎や鐘楼にその特徴がうかがえる。鐘楼は、北西ヨーロッパにおいてとりわけ重要な世俗建築として注目される。ブルッへの大広場の南側に面して一三世紀後半に建てられた鐘楼は、一階部分が毛織物業者の会館として使われた建物で、一五世紀には高さ八三メートルの塔を備え、まさに都市のランドマークとして北フランスのカテドラル教会の尖塔に比肩する高さと美しさを誇示したのである。

大聖堂(カテドラル教会)

他方、司教座に設けられた首座教会である大聖堂(カテドラル)は、一二世紀後半に北フランスのサン・ドニで最初のゴシック建築として誕生して以来、北フランスからヨーロッパ各地へ広まっていった。パリやランス、アミアンなどを代表とする大聖堂は、建設にあたって、当初から都市民の奉仕と献金を受け、一世紀以上にわたり建設が続けられて完成した都市のランドマークをなす建築であった。ドイツのケルン大聖堂が、一三世紀から建設が始まりながら、宗教改革期など途中で建設が中断し、最終的に完成したのが実に六〇〇年以上のちの一九世紀末(一八八〇年)であったケース(実質的な工事期間は三五〇年)は、例外的な長さではあったが、ヨーロッパの石造建築の時間的継続性をまさしく象徴していると言えるだろう。

4●人々の生活空間

小教区――教会の司牧

それでは、都市において人々の生活と居住の場は、空間的にはどのように分けられていたのだろうか。中世都市の住民にとってまず重要であったのは、カトリック教会によりヨーロッパ世界全般に網の目のように張りめぐらされていった小教区(パロキア)と呼ばれる行政区分である。小教区ごとに置かれた教区教会が、農民と同様都市民にとって、もっとも身近な生活のライフサイクルの軸をなしていたからである。小教区制度は、ヨーロッパの多くの地域で一三世紀までに整えられていく。教区教会に任じられた教区司祭は、教区の住民一般の司牧にあたり、毎週日曜のミサや告解、各世帯における子供の誕生(洗礼の秘跡)、結婚(婚姻の秘跡)、そして死(終油の秘跡)と埋葬に至るまで、教区民の人生の諸段階を儀礼的に司ったのである。

小教区は、教区教会を軸に市壁内外に複数設けられていた。小教区の数は、アルプス以北の北西ヨーロッパでは、イタリア、スペインなど南ヨーロッパの都市に比べると少なかったようである。たとえば、トスカーナ地方のフィレンツェでは、市壁内が六二の小教区に分けられていたのに対し、北フランスの中都市サンスでは一七、フランドル都市ブルッへでは九、ヘントでは七つの小教区しかなかった。

ところで、中世後期に北西ヨーロッパ第一の都市となっていたパリは、セーヌ川の中央に位置するシテ島と右岸、左岸の三つの都市領域から構成されており、一三世紀末までにシテ島に一四、右岸地区に一三、左岸地区に七の小教区が設置された。数の上では、北欧と南欧のちょうど中間的なケースと言えるであろう。小教区の面積は一定ではなく、パリの場合、シテ島では非常に狭く、右岸や左岸では広かった。小教区の住民構成も均質ではなく、右岸地区の南西部を占めたサン・ジェルマン・オーセロワ教区は、もっとも多くの住民（一四一〇世帯）と富裕な市民を含む一方、同じ右岸の北側の市壁近くのサン・ローラン

サン・マドレーヌ教区　ユダヤ通り（西側）の住民（1292年）

人名	職業	課税見積額
ユーヴロアン・アラール		100スー
マーシー・アラール		4リーブル12スー（92スー）
ポントワーズのジャノ		18スー
ロバン・アラール	（使用人）	12ドゥニエ
ギヨーム	剪毛工	4スー
ヴェルディのミシェル	毛織物商	4スー
ボーヴェーのジャンノット	毛織物商	15スー
ボーヴェーのグーベール・ジャンノット・ジュニア（弟）とドゥニース（妹）		15スー
剛腕のギヨーム		10スー
仕立て工のアドゥノ	仕立て工	2スー
ロンドンのロジャー		10スー
アリソン（義理の娘）		3スー
ドイツのアンリ		30スー
リシャルダン	（アンリの使用人）	2スー
アガス（元帥）夫人		40スー
		合計16名

サン・マドレーヌ教区　ユダヤ通り（東側）の住民（1292年）

人名	職業	課税見積額
トマ・ラミ	パン屋	12ドゥニエ
小ギヨーム	パン屋	9スー
エスポワーズのリシャール	パン屋	18スー
ギヨーム・グラファール	パン屋	30スー
ギヨーム・ラミ	パン屋	12スー
ロンドンのロベール	パン屋	100スー
ジャン・パキエ		22スー
寡婦ジャンヌ	（故親方ミシェルの妻）	7リーブル15スー（155スー）
アグネス・オー・フェーヴ夫人		50スー
ジョフロワ	（寡婦ジャンヌの使用人）	5スー
イングランドのジャヌカン	パン屋	58スー
ドゥエのギヨーム	パン屋	30スー
ラ・ロッシュのギヨーム	パン屋	12スー
トマス	油工（親方）	14スー
リシャルダン	（トマスの使用人［職人］）	5スー
ノルマンディーのピエール	パン屋（親方）	70スー
ショウモンのトマサン	（ピエールの使用人［職人］）	5スー
ノルマンディーのピエールの妻の妹		34スー
ニコラ・シェヴン	穀物（小麦）商	12スー
ランバールのティエリ	靴屋	8スー
ゴーティエ	剪毛工	5スー
フェリップ・アラール	毛織物商	36スー
ベアトリス	肉屋	5スー
モンフォールのジャンノット	パン屋	12スー
		合計24名

貨幣単位：1リーヴル＝20スー＝240ドゥニエ

出典：Paris sous Philippe-le-Bel d'après des documents originaux et notamment d'après un manuscrit contenant le rôle de la taille imposée sur les habitants de Paris en 1292, éd. H. Géraud, Paris, 1837, pp.143–144.

教区は一六八世帯と少なく、一二九七年の課税台帳（タイユ帳簿）の記録から、その八割近く（一三〇世帯）が貧困層であったことが知られている。

上記の一二九七年を含め、一二九〇年代から一三一〇年代にかけて数年分の記録が残されている住民の課税台帳から、シテ島の特定の小教区の住民たちの社会的トポグラフィー（職業的・社会的分布）が見えてくる。

一二九二年に作成されたパリでは最古の課税台帳の記録をのぞいてみよう。シテ島の東側、ノートル・ダム大聖堂のすぐ西側に位置したサン・マドレーヌ教区の一部、「ユダヤ通り」の住民のリストがそれである。サン・マドレーヌ教区は、シテ島の中核部にあり、パリの教区のなかでも比較的豊かな地区であったと考えられている。サン・マドレーヌ教区の「ユダヤ通り」に住む四〇名の住民についてみると、パン屋が多いことが特徴的である。その年の課税額の中間階層（五スーから三〇スーの支払者）と比較すると、その課税額を超える納税者が通りの住民の四分の一に当たる一〇名いたことがわかる。もちろん、中世の都市の居住者の富の分布は多様であり、地区によりさまざまであったことは疑いないが、ユダヤ通りの例は、中世のパリの居住形態のひとつの典型を示していると言ってよいだろう。

この通りの住民の大半は、職人であったが、裕福な親方・商人層も居住していて、その課税額はきわめて多様であり、豊かな者も貧しい者も混在していたのである。

行政区——市民生活の基礎

他方、都市住民の日常的生活の単位となったのは、都市当局により区分された行政区や街区（カルチエ）である。行政区や街区は、教会による行政区分である小教区とは一致せず、都市住民の軍役召集や徴税の単位として設けられた。

ブルッへの事例をみてみよう。ブルッへでは、一三世紀後半に六つの行政区（ゼステンデール）が、水路の市門を分岐点として都市空間を形成していた。この行政区ごとに区長（ホーフトマン）が選出され、地区の秩序の維持や徴税にかかわったのである。そのうち三つの行政区（聖ヤコブ、聖ニコラス、聖母マリア）について残されている一四世紀末（一三九四〜九六年）の課税台帳から、最上層に属する二五人を含め富裕層と見積もられる世帯は、課税対象となった全三五二六世帯のうちわずか八一人（二・三パーセント）にすぎず、実に八三パーセントの世帯が下層に属していた。また最上層の住民たちの職業は、ワイン商、毛織物

ブルッへの行政区（街区）は、人々の日常生活の基盤となった地区割りで、都市の中心に位置する大広場から広がる６つの地区に区分された。街区は、ブルッへの徴税と市民軍の徴募の単位となっていた。

シエナの三分区（テルツォ）。中世のシエナは、３つの丘の上にそれぞれ作られた集落の集積が、軍事・行政区分として三分され、地域的な人間関係の単位として機能していた。三分区の中はさらに街区（コントラーダ）と呼ばれる人々の生活・社会単位により構成された。

商、材木商、スパイス商、両替商、取引仲介人といった国際商業に従事する商人層が占め、少数の富者に富が集中するという財産構造は、先に見た一三世紀末のパリの課税台帳からも知られるところであり、中世都市における富の偏在が垣間見えると言えるだろう。

街区――地縁的絆の領域

イタリアの都市シエナでは、行政区としての三分区（テルツォ）が都市住民の基盤となっていたが、さらにその下部にシエナ市民の日常生活上、より緊密な地理的空間があった。それが、コントラーダ（街区）と呼ばれる地区単位である。コントラーダは、それぞれ独自の広場や教会をもち、地区住民のアイデンティティのシンボルをもっていた。シエナのコントラーダは、中世後期には四〇以上あったようだが、一八世紀に一七となった。コントラーダは、現在でもシエナで行われているパリオ（競馬）の祭りの母体となっており、一七のコントラーダを代表する騎手によるカンポ広場を三周する競馬のイベントが年二回行われ、各コントラーダの名誉をかけて人々は熱狂するという。パリにおけるカルチエと同様、中世から近代にかけて、街区は家（家族）レベルでの人々の地縁的、社会的絆が形成される場であり、街区に所属しているという意識が、彼らの終生のアイデンティティをなしたのである。

街路

中世の都市の大半は、計画的につくられることなく、自生的な発展を遂げた。そのため街路がローマ都市のように直交するグリッドパターンの都市は少なかった。一般に、中世の都市の道は不規則であり、また舗装も十全ではなかった。『サン・ドニ年代記』が語るフィリップ・オーギュストのパリの王宮における逸話は、そのことをよく示している。

ある時、国王（フィリップ）は宮殿において、彼のなすべき仕事……について考えにふけっていた。彼は、居間の窓にもたれ、時折そうするように、セーヌ川を眺め、気分の転換を図った。その瞬間、二輪馬車や四輪馬車が街路を駆け抜けていき、道路に充満していた泥や埃をまきあげたので、耐えられないほどの悪臭がわきおこり、国王が座っている窓にまで上がってきた。顔を歪めるほどの悪臭を感じた時、彼は胸がむかつきそうになって窓から身をよけた……そこで彼はパリの裁判官やブルジョワを呼び寄せ、この町のすべての街路や道路を大きくて堅固な砂岩の舗石によって、十分に、念入りに舗装させるように命じた。

また、都市の風俗の内に根を下ろしていた農村的慣習として、家畜を都市内で飼育したり放し飼いにすることがあった。とりわけ雑食性の豚は、街路の汚物・塵掃除の役割を果たしていたが、同時にその存在は人々にとって悪臭と不潔さ、その体重の重さによっても危険とされたのである。一四世紀半ばのフランス王ジャン二世（在位一三五〇～六四年）の王令において、パリの道路管理の条項として、パリの市壁の内部では、いかなる豚も所有ならびに飼育してはならないとする禁令が出されている。また愛玩用の動物、とりわけ犬もまた公衆衛生上の有害な存在として、時に厳しい処置（犬殺し）が都市当局によってなされることがあった。

一四世紀以降、多くの都市で、街路における糞便の増加や悪臭、道路や下水の塵芥の問題に対する法令が出され、都市当局による公衆衛生への自覚と道路管理のための舗道税の導入などの措置が取られていった。しかし、一五世紀においても、都市の道路が狭さ、不便さ、不衛生により常に欠陥をもつものであったことは否定できない。一五世紀の多くの都市の公共事業費のなかで、街路の舗装、清掃、公衆便所の設置などの事業費の割合は、市壁の修繕（防衛施設）費が五〇パーセントであるのに対してその一割の五パーセント程度でしかなかったことも知られており、「多くのことが近代の夜明けに果たされるべきものとして残された」（J・P・ルゲ『中世の道』）ことは確かである。

第6章 都市の労働

1●市場と商人

年市と市場

中世のヨーロッパにおいて、人と人が出会い、モノとモノが交換されたのは、何よりも「市場」という場であった。中世都市は商工業の中心であり、市場（マーケット）は、都市におけるもっとも本質的な要素をなしていた。大都市には、複数の市場があり、年市、週市、そして毎日開かれる市など、さまざまな市場空間が存在した。年市は、特定の都市で開催され、一二～一三世紀に栄えたシャンパーニュの大市や、中世後期のフランクフルトの大市は、とりわけ有名である。

シャンパーニュの大市は、一二世紀以来毛織物工業で繁栄していたフランドル地方と北イタリア都市とを結ぶ中継地域であった北東フランスのシャンパーニュ地方の四都市（ラニー、バール・シュル・オーブ、プロヴァン［二回］、トロワ［二回］）で、隔月順にそれぞれ四六日間ずつ年六回開催された。四都市は地の利にめぐまれており、北はイングランド、バルト海沿岸から南はスペイン、イタリアからの商人たちを陸路や河川ルートを通じて引き寄せ、類を見ない「卸売市場」兼「両替市場」を形成したのである。大市は、地域領主であったシャンパーニュ伯の管轄のもとで、貴族と市民から監督官が選ばれ、それぞれ開催地の都市によって運営された。大市で取引された商品は多様であり、フランドル、北フランスの毛織物、亜麻布（リネン）、麻（綱、紐）、イタリアからの絹織物、キプロスの錦織等の織物製品の他、砂糖、塩、木材、穀物、ワイン、スパイス、蜜蠟等の計量商品、染色用材料（大青、ケルメス等）、明礬《みょうばん》、皮革、毛皮などがヨーロッパ各地からもたらされた。

こうした都市の大市は、大規模な取引を行

聖ドニの祝日に開かれたランディの大市（14世紀）。パリ司教が市場の中心で祝福を与えている。（パリ、フランス国立図書館）

う遠隔地商人たち——彼らにはシャンパーニュ伯から「安全通行状」が与えられ、安全な通行を保証されていた——だけのものではなく、一般の住民にとってもお祭りであった。大市の開催期間には、手品や曲芸等さまざまな見世物が披露され、ジョングルールと呼ばれた放浪楽士たちが通りで歌い、居酒屋や娼館は大市にやってきた多くの外来の人々——近在の農民から遠く異国の人々まで——で賑わったのである。一三世紀後半からは、両替商が大市で重要な役割を果たすようになった。両替商の多くは、イタリア人、ユダヤ人、南フランスのカオール人などで、彼らは、大市での交易による外貨両替の仕事を担い、大市の基準通貨であったプロヴァンのドゥニエ貨と各地のあらゆる通貨を交換するだけではなく、大市において行われていた信用取引（為替や信用状による代理取引の業務）や金貸し業を担っていた。商人だけではなく、あらゆる階層の人々が大市において両替商から金を借りていた。シャンパーニュの大市は、その意味でヨーロッパにおける最初の金融市場となったと言えるだろう。

　右の図には、一四一一年頃のイタリア都市ボローニャの市門近くで開かれた市のありさまが描かれている。取引が始まったばかりの朝の風景であり、店舗は屋根付きで、下方の店ではすでに客が訪れて取引が行われ始めている。この図はボローニャの毛織物仕立てギルドの帳簿につけられているもので、図中に描かれている商品の大半は布製品であることがわかる。図の中央下方に二人の商人と二人の客が見え、一人の客はジャケットを着せかけられており、もう一人の客はフードを手に取って見ている。さらにその下方右側では、商人が青の上等な服装の客に店舗で赤いローブの服を示している。またその左側では、こちらも青の服装の女性客が店の前のテーブルで高価そうな布を手に取っている姿が見える。そして店の作業台では、二人の男が赤い布地を加工している姿が示されている。

　市場は、もちろん高価な品物の取引だけで

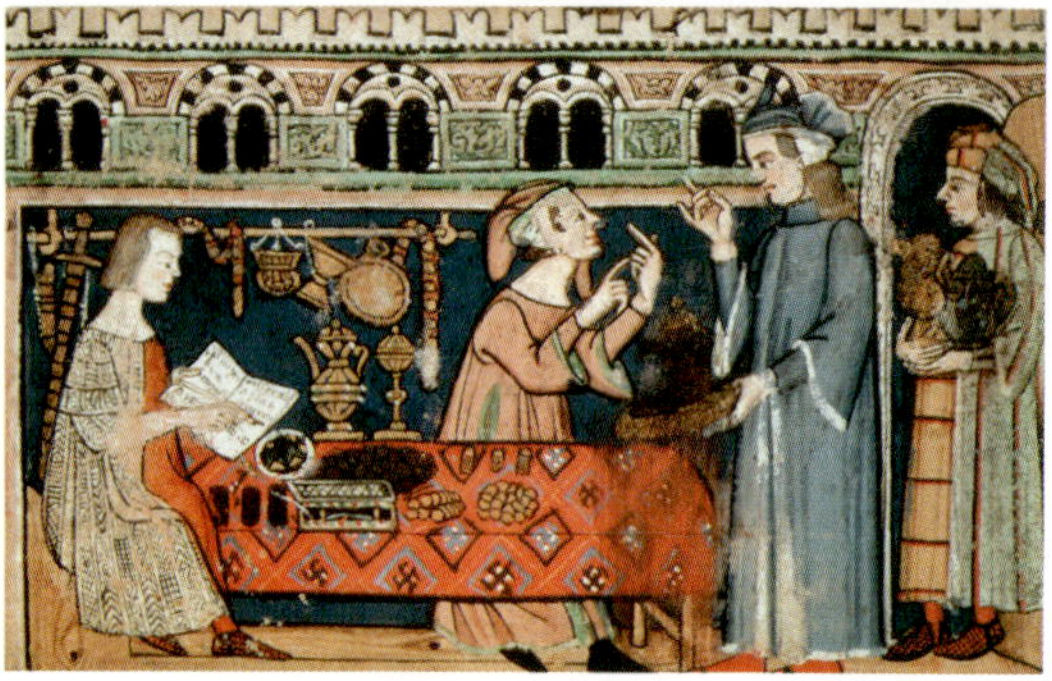

抵当をとって金を貸す金融業者。（14世紀末。『七つの悪徳について』写本。ロンドン、大英図書館）

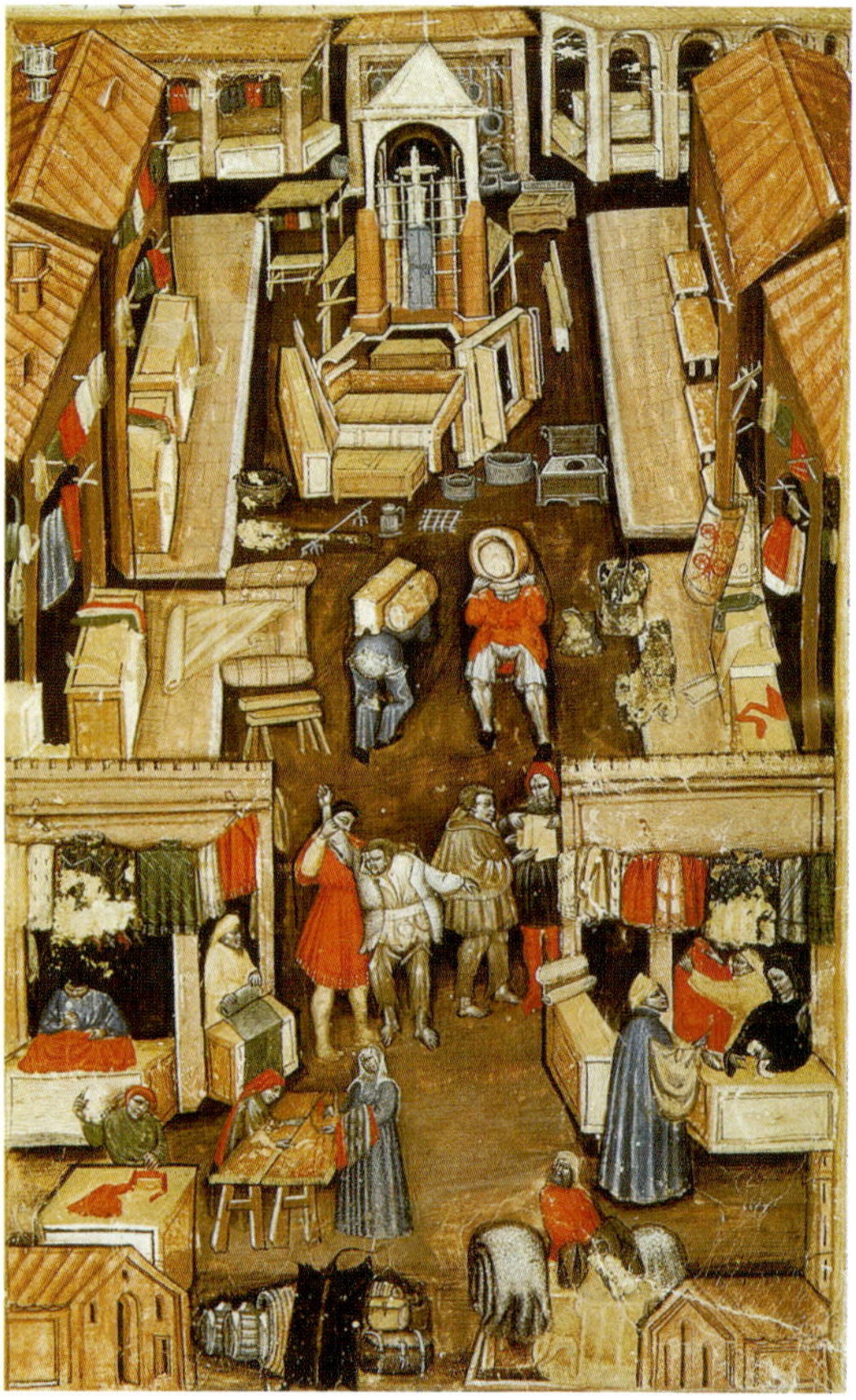

ボローニャの市場風景。15世紀初頭、毛織物商の登録簿の挿絵。（ボローニャ市立博物館）

北フランスの市場風景。豚や鶏などの家畜や布地が市場で売られている。（1403～05年。パリ、フランス国立図書館）

市場の楽しみ――飲み食いする人々。アリストテレス『政治と経済』より。（15世紀。ポワティエ。パリ、フランス国立図書館）

ブルッへの金融市場（ブルサ・ブルゲンシス、17世紀の版画）

フランドルの港市と船。積み荷を降ろしている船と港の情景。（フランドル細密画、15世紀）

はなく、周辺農村の人々もまた家畜（豚や家禽）や農産物を持ち込み売買する、日常の食料品・品物の取引の場でもあった。また市場で飲み食いする人々も日常的な風景であった。

商人の活動――ブルッへ国際市場

こうした年市や大都市の市場を訪れた外国商人たちによる国際商業のリーダーシップをとったのは、北・中部イタリア都市の商人たちとバルト海沿岸のハンザ商人たちであった。両者は、それぞれ地中海、バルト海域の交易を軸に、南北商業の交流にかかわっていったからである。一三世紀末までは、上述したシャンパーニュの大市が、陸路で結ばれた南北商業の要の役割を果たしていたが、一二七七年にジェノヴァのガレー船がジブラルタル海峡を越えて、大西洋から毛織物生産の中心地であるフランドル地方への定期的な海上ルートを確立すると、以後南北商業は、陸路以上に海路による大量輸送の時代に入ることになった。シャンパーニュの大市に代わったのは、フランドル都市ブルッへであり、以後一五世紀後半まで、北西ヨーロッパ最大の国際商業都市としての地位を占めることになる。ブルッへには、ジェノヴァ、ヴェネツィア、ルッカなどイタリア諸都市の商人のみならず、フランス、スペイン（カタルーニャ、アラゴン）、ポルトガル、イングランド、スコットランド、ドイツ（ハンザ商人）など、ヨーロッパ中から商人たちが集まったのである。

一四三八年に、イェルサレム巡礼を行ったのち、イタリア、フランス経由でブルッヘを訪れたスペイン人貴族ペロ・タフールは、彼の旅行記においてブルッヘについて、次のように述べている。

この町は大きく、とても豊かである。世界でもっとも大きな市場の一つである。二つの町が互いに商業的覇権を競っている。西のブルッヘと東のヴェネツィアである。……西ヨーロッパ全体において、ブルッヘほど大規模な商業中心地は存在しない。そして、ブルッヘの港から出航する船の数は一日に七〇〇隻を超えるといわれている……商品は、イングランドやドイツ、ブラバント、ホラント、ゼーラント、ブルゴーニュ、ピカルディー、またフランスの大部分から運ばれてくる。

このブルッヘの国際市場で、イタリア商人とともに重要な存在となったのが、北ドイツの都市リューベックやハンブルクなどを拠点としたハンザ商人たちであった。彼らはコッゲと呼ばれる帆船を用いてバルト海から北海を航行し、遠くロシアから毛皮や木材、穀物、蜜蠟など北ヨーロッパの産物をブルッヘへ市場にもたらした。ハンザの盟主であった都市リューベックで活躍したヴェッキンフーゼン家はブルッヘにも拠点をもち、一族でバルト海域に広大なネットワークを保持して、膨大な商業書簡を残している。

ブルッヘは、中世後期においてそうした南と北の国際商人たちが一堂に会する南北商業の一大拠点となっただけではなく、シャンパ

イタリアの船。帆を上げて地中海を航行する船。ビッツィ・ディ・ロレンツォ画《嵐を譴責して鎮める聖ニコラス》。（1433年。オックスフォード、アシュモール博物館）

ハンザ商人の文書。リューベックとヴィスマール、ロストック、シュトラールズントなど８つのハンザ都市間のデンマーク王に対する同盟文書。（ロストック市立文書館）

リューベックの都市印章。コッゲ船（ハンザの商船）が描かれている。（1256年。リューベック市立文書館）

ーニュの大市と同様、国際金融市場の拠点として機能した。ブルッへでは、商業取引を行う通常の商人の他、外国商人と在地のフランドル商人の間の取引を仲立ちする取引仲介人（宿屋経営者）や公証人、両替商、高利貸などが数多く活動していた。両替商や高利貸の多くは、シャンパーニュの大市においてと同様、北イタリアのロンバルディア地方や南フランスのカオールを出自とする者たちだった。

ハンブルクの港（左）（1497年。ハンブルク大学図書館）とケルンの港（右）（1411年。ライン図像博物館）。

銀行家・高利貸・両替商

一四世紀からは、ルッカやジェノヴァ、フィレンツェの商人・銀行家たちがブルッへやパリに進出して、都市民のみならず、フランス王やブルゴーニュ公など王侯貴族に多額の資金を貸し付けた。一四世紀のラポンディ家（ルッカ）やペルッツィ家（フィレンツェ）、一五世紀のメディチ家やポルティナリ家（フィレンツェ）、アルノルフィニ家（ルッカ）、アドルネス家（ジェノヴァ）など、いずれもブルッへ、パリ、ロンドンなどに支店を置いたイタリアの商人・銀行家の有力家系で、手形や複式簿記、海上保険など地中海商業で培われた先進的な商業技術を駆使し、またイタリアとの定期的な商業通信網を通じてヨーロッパの広範な地域をカヴァーする金融情報に基づいて、ブルッへ国際市場で活躍した。

アルノルフィニ家やポルティナリ家は、一五世紀にブルッへに宮廷（プリンゼンホフ）を構えていたブルゴーニュ公フィリップ善良公（在位一四一九～六七年）とその息子シャルル突進公（在位一四六七～七七年）と親密な庇護関係にあり、宮廷へさまざまな奢侈品をもたらす一方、彼らの軍事的活動の資金を提供し、王侯の政策にも影響を与える存在となっていた。

貴金属を扱う商人（上）と銀行家たち（下）。『七つの悪徳について』の挿絵。（北イタリア。14世紀末。ロンドン、大英図書館）

フランスのブールジュを拠点に、フランスのみならず地中海一帯を商取引の場としたジャック・クール（一三九五～一四五六年）もまた、フランス王権とも密接な関係を結んだ一五世紀のフランスを代表する国際商人であった。

他方、ヴェネツィア商人は、一三世紀後半からすでに東地中海を越えてインド、中国へとその活動を広げていた。ヴェネツィアの商人マルコ・ポーロ（一二五三頃～一三二四年）の中国・インドへの旅の記録を記した著名な『東方見聞録』（『世界の記述』）は、中世後期に写本で広く流布し、東方へのヨーロッパ人の幻想をかきたてることになったのである。

こうした国際金融が発展した一方、ヨーロッパの多くの都市で、一般民衆を相手に小口の貸付・金融業を営んでいたのはユダヤ人であった。彼らは、一二世紀以来、英仏の国王により追放処分を受けたり、ドイツやイタリアでも十字軍運動の流れのなかでしばしば迫害を受けながらも、ヨーロッパ各地に散在し、主に金融業で生活していたのである。

ドイツ（神聖ローマ帝国）やスペインでは、皇帝（王）がユダヤ人保護とひきかえに、彼らから多くの資金を調達した。また、ドイツでは都市共同体がユダヤ人から借入を行って都市財政を穴埋めすることもあった。教会の

ラポンディ家の寄進画。ルッカの聖ヴォルトを崇敬するルッカ商人ラポンディ兄弟。彼らは、パリやブルッヘで活動した。（Leggenda dei Volto Santo in Francese, ヴァチカン市）

15世紀ブルッヘで活動したイタリアのルッカの商人ジョヴァンニ・アルノルフィニとその妻の肖像画。（ヤン・ファン・エイク画。1434年。ロンドン、ナショナルギャラリー）

15世紀北フランスの大商人、ジャック・クールのブールジュの邸宅。

徴利禁止令のもとで、両替業や高利貸をキリスト教徒が行うことに困難があった時代、市民権をもてず、一般に土地所有も禁じられていたユダヤ人にとっては、金融業は、生活の糧として不可欠なものであったと言える。しかし、一三世紀以降、托鉢修道会による商業活動、商業倫理の肯定と正当化がすすめられていくなかで、イタリア商人がそうであったように、商業資本主義の道はすでにキリスト教徒に開かれつつあったのである。

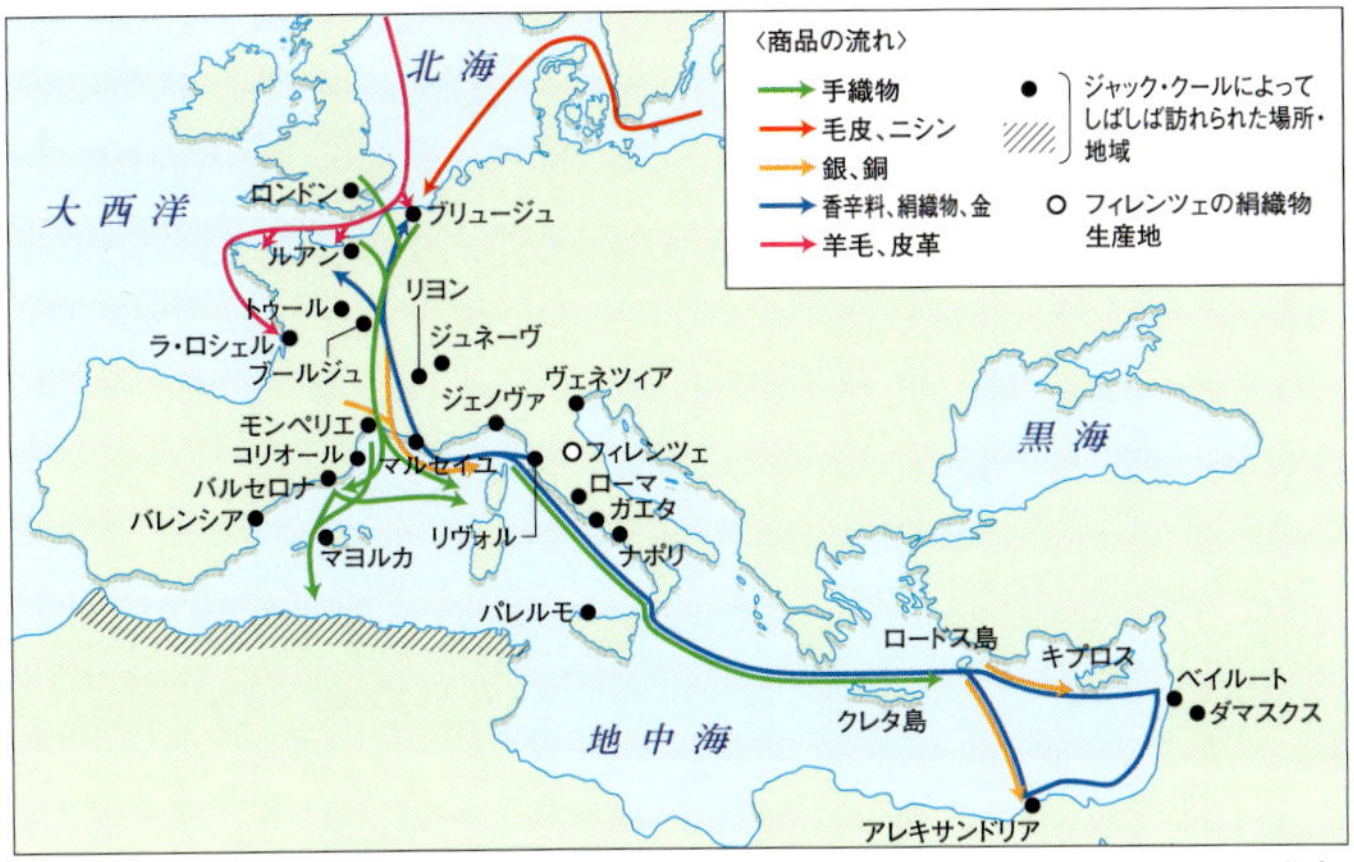

ジャック・クールの交易範囲。北フランスのブールジュ出身の商人ジャック・クールは、北海から地中海へ至る交易ルートによって莫大な利益をあげた。

マルコ・ポーロがヴェネツィアの港からアジアへ向けて出港する風景。(14世紀。オックスフォード、ボードレアン図書館)

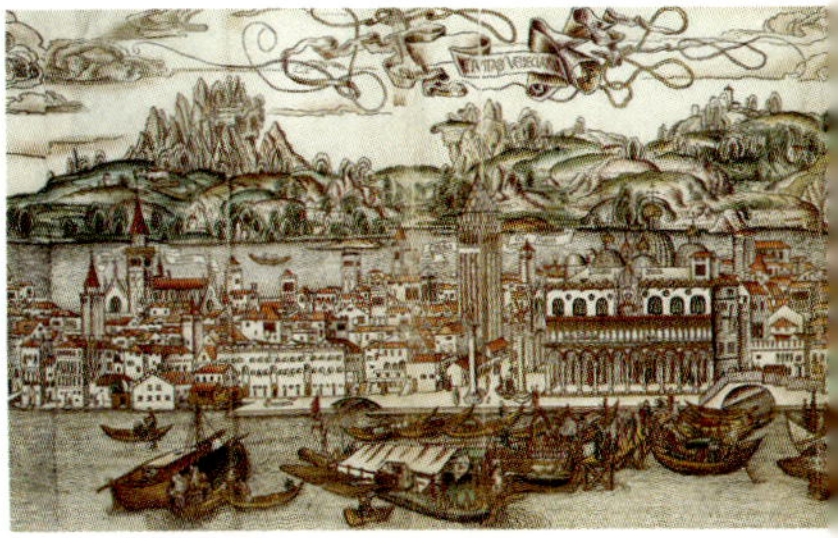

ヴェネツィアの港(ベルナルド・フォン・ブライデンバッハ画『聖地への旅』。銅版画、エルハルト・ロイビッヒ、マインツ。1486年刊。パリ、フランス国立図書館、稀覯書)

マルセイユの港(『すべての港に関する記述』。16世紀。パリ、フランス国立図書館)

ジェノヴァの港。(1482年の絵図。ジェノヴァ海洋博物館)

2●職人の活動
――さまざまな同業組合の職種から

同職組合

　中世都市では、商業活動と並んで手工業を営んだ人々が、一二世紀以来それぞれの職種ごとに自律的な同業者の団体（ギルド、メティエ、ツンフト、アルテなど国ごとに固有の呼び方があった）を形成し、王権や都市領主により認可を受けた。

両替商とユダヤ人。左手に両替商（キリスト教徒）、右手に３人のユダヤ人が描かれている。フランスの絵入り写本より。（1357年。ロンドン、大英図書館）

　ギルドは、職業的な相互扶助と固有の権利の確保を目的として結成された仲間団体である。前述したように、すでに一一世紀には商人のギルドが北西ヨーロッパ（ティールやサン・トメールなど）に現れていたが、イタリアをはじめとする地中海の海港都市では、ミラノやフィレンツェのような内陸都市を除いて、商人ギルドは必ずしも生み出されなかった。他方、手工業者の同業組合（クラフト・ギルド）は、一二世紀からヨーロッパの多くの都市で生まれた。都市の手工業者たちは、自分たちの作った製品の生産と販売に関して競合を避け、相互規制を行うための規約を必要としたからである。手工業組合のメンバーは、誓約によって互いに結びつき、仲間の間で同意された条項を守り、違反行為に対しては罰金を科した。商人ギルドが都市の経済生活全体を統御する団体として機能したのに対し、手工業組合は、商品生産活動の統制と品質管理を中心に相互規制を行った。

　一三世紀は、都市で同業組合が組織化され、規約が与えられた時代である。王権の所在地であったパリでは、国王のプレヴォ（奉行）エティエンヌ・ボワローにより『同業組合の書』（リーヴル・ド・メティエ）が編纂された。この書には、パリの一〇一の手工業ギルドの規約が収められている。しかし、複数の職種が一つのギルドに組み入れられていたり、ギルドに組織されていない職種もあり、パリにおける手工業の職種は実際には三〇〇以上あったと考えられている。特に、中世の手工業を代表する毛織物工業や金属加工業、建築業などでは、作業工程によって専門化が著しかった。

　また、それぞれの都市の政治、経済構造を反映して、同業組合の数や種類は異なっており、職業構造や職種ごとの人口に占める割合は、都市によってきわめて多様であった。たとえば、フィレンツェでは、同業組合（アルテ）は全体で二一の集団に分けられ、そのうち七つの大同業組合（法律家・公証人組合、カリマーラ［羊毛・輸入毛織物］商人組合、両替商組合、毛織物組合、絹織物組合、医師・香料商組合、毛皮商組合）が、鍛冶屋・甲冑工、皮革工、パン屋、肉屋、宿屋等の一四の小同業組合の上位におかれていた。フィレンツェのアルテをはじめとして、多くの同職組合が、それぞれの守護聖人をもち、職種の誇りとアイデンティティを示す印章を保持していたことも、同業者集団のシンボリックな結びつきを示すものと言えるだろう。

　一四世紀半ばの都市ブルッへの職業構造を示したグラフを見てみよう。毛織物工業で栄えたフランドルの都市らしく、毛織物業従事者の数が四割近いのが特徴的であるが、その他にブルッへの国際商業都市としての性格を

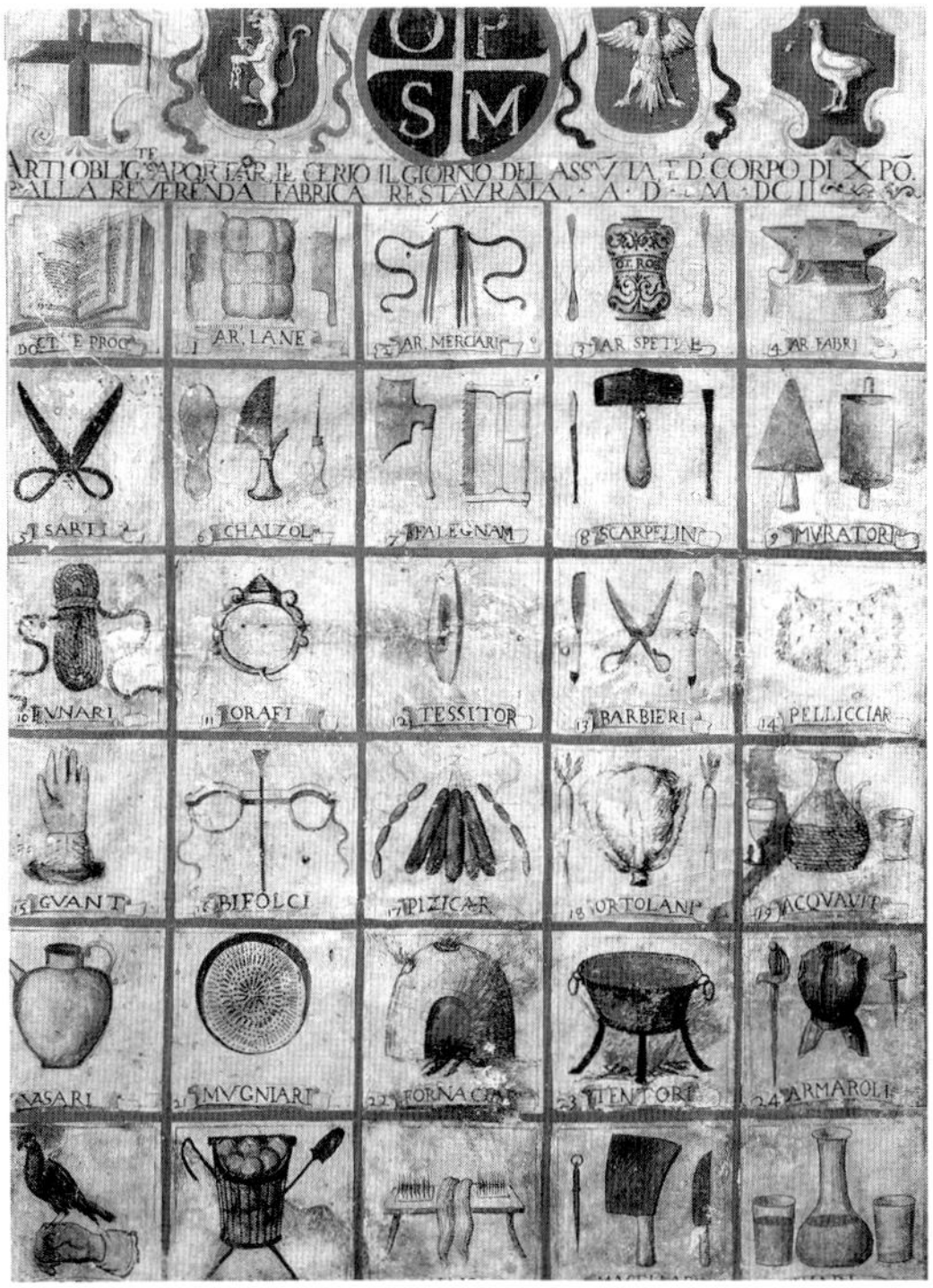

オルヴィエットのアルテ（同業組合）のエンブレーム。（16世紀。オルヴィエット、大聖堂博物館）

さまざまな職種の職人たち。（15世紀。イタリア、ロンバルディアの写本から。モデナ、エステ家文書館）

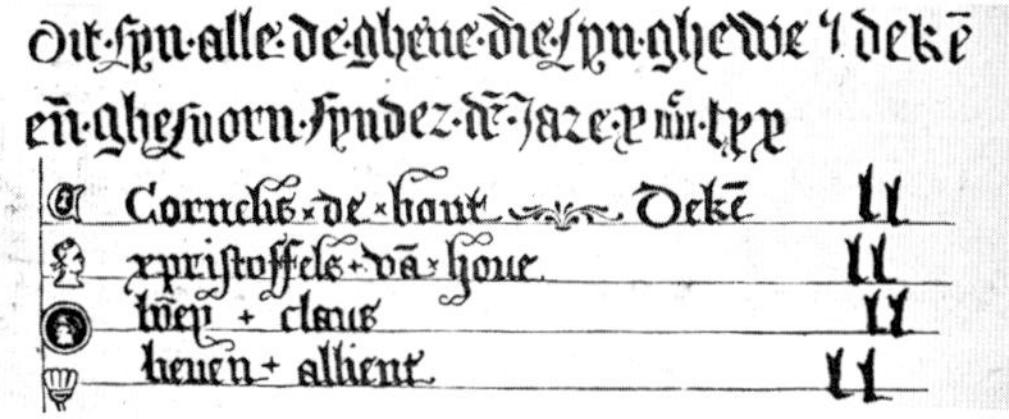

Cornelis de bout　Deke
xpristoffels vā houe
claus
heuen allient

ブルッへの金銀細工匠のギルド・メンバーの登録簿の冒頭部分。（ブルッへ、国立文書館）

反映して商人の比率が高いこと、建築、食料品関係を含め、都市の日常生活の需要に応じる多様な業種でバランスよく構成されていると言えよう。

手工業者は、親方、職人、徒弟から構成されていた。同業組合のメンバーとなれたのは、当初は親方のみであった。親方は、同業組合の規約や新規の親方の加入の承認、組合の長

ブルッへの同業ギルドの印章。左上から右に織布工、靴匠、大工、縮絨工、家具職人、剪毛工。

14世紀ブルッへの職業構成（1338〜40年）

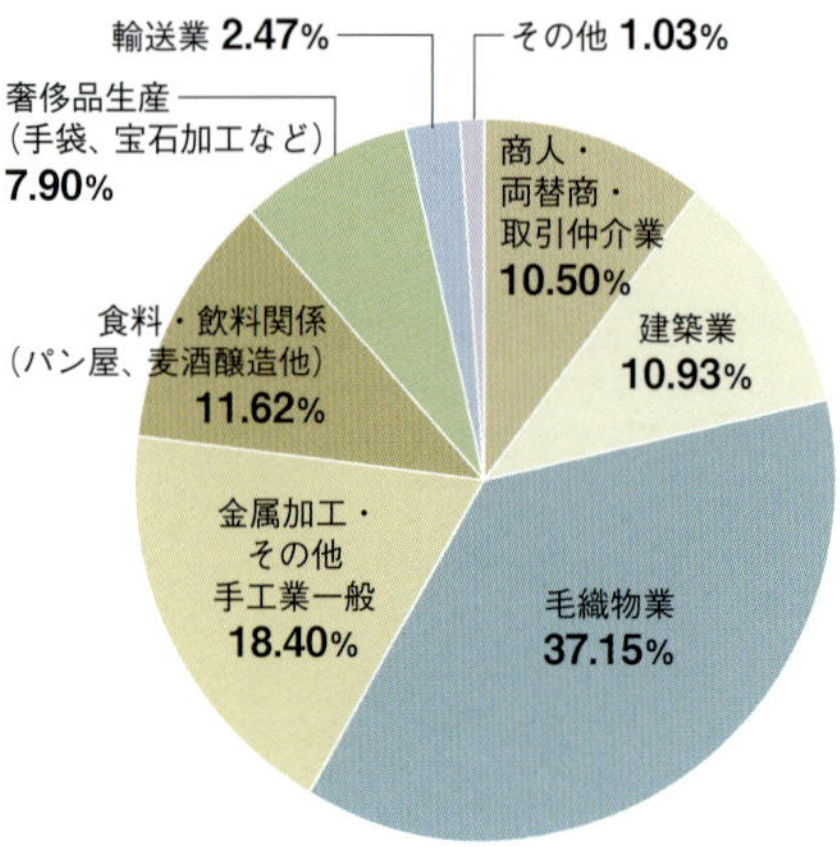

や取締役の選出権をもち、また個々の仕事場では、徒弟を雇用して技術指導を行った。徒弟は、契約によって親方に雇われ、衣食住を提供された。徒弟修業の期間は、職種によりさまざまであった。一三世紀のパリの『同業組合の書』によると、徒弟期間は三年から五年が一般的であったが、六年以上の職種もあった。徒弟は、徒弟期間を終了すると職人として働いたが、石工のように、仕事場が絶えず変わる職種では、都市から都市へと遍歴する場合も少なくなかった。女性も同業組合のなかで、繊維・服飾関係の職種を中心に親方になることができた。パリやケルンでは、金帽子工、絹織物工や金糸工などのギルドは女性のみで構成されていたが、女性が親方になれる職種は多くの都市で限られていたのである。親方の寡婦は、親方の死後、夫の親方権と徒弟を継承して営業を続けることができたようであるが、親方権が継続できるのは彼女が寡婦のままでいるか、同職の者と再婚した場合に限られており、再婚相手が同職の者でない場合は、営業の継続はできなかった。他方、職人・徒弟にとっては、亡くなった親方の寡婦との結婚により親方権を取得することが可能となった。親方権の取得の機会が次第に狭まり、世襲以外では困難になってくる中世後期には、そうした事例が増加したのである。

　同業ギルドはまた、それぞれの職種を象徴する守護聖人をもち、毎年その聖人の祝日を祝って、メンバー一同が集まって会食し、守護聖人の祝祭日には、受難劇の上演やプロセッション（宗教行列）などさまざまな宗教的パフォーマンスを行った。また、ギルド内では、相互扶助を行い、怪我や年老いて働けなくなったギルドのメンバーの扶養のための建物（養老院）を、メンバーの醵金《きょきん》で備えることもあった。

　中世ヨーロッパの手工業のなかで、これまで経済史の視点から、織物業と金属加工業の重要性が強調されてきたが、中世を通じてとりわけ活発な活動を展開したのは疑いなく建築関係のギルドであった。以下では、建築業ギルドをはじめ、いくつかの代表的な手工業の職種を取り上げて、働く職人の姿を見てみよう。

建築業（石工・大工など）

　中世中期以降、都市の絶えざる発展と王侯、聖職者、そして商人の富裕化により、王宮やカテドラル教会、市庁舎やギルド会館のような大規模な建築事業が、都市においても続々と展開された。建築職人もそれにともない、専門化され、それぞれの建設現場で雇用された。中世最大の建築と言えば、大聖堂（カテドラル）の建立であろう。一二世紀から一三世紀は大聖堂の建設ブームであり、パリのノートル・ダム大聖堂をはじめ、北フランスを

セント・オールバンズ修道院の建設。マシュー・パリス『オファスの生涯』写本より。
（14世紀初頭。セント・オールバンズ修道院、ロンドン、大英図書館）

中心に数多くの大聖堂が建てられた。大聖堂建設は、中世経済のダイナミズムを何よりもシンボリックに示すものであったと言えよう。

建設にかかわった建築職人は、石工を筆頭に、石切工、大工、タイル工、左官、屋根葺き工、レンガ工の他、ガラス工、鍛冶匠など多様な職種に及んでいた。また、それに未熟練労働者を加え、数十人から数百人規模で工事が行われた（J・ギャンペル『カテドラルを建てた人びと』）。

一二五三年のロンドンのウェストミンスター修道院建設の際の会計記録によると、職人として石工二六名、石切工三九名、大理石工一三名、大工三二名、大理石磨き工一三名、鍛冶匠一九名、ガラス工一四名、屋根葺き工四名、画工二名、そして日雇い労働者六六二名などが記録されている。

在地の労働力では大聖堂のような大規模な建築プロジェクトに十分対応できず、労働者たちを遠方からも集める必要があった。特に、建築作業の要とも言うべき石工は多くが自らの工房（アトリエ）をもたない遍歴職人であり、「ロッジ」と呼ばれた石工の作業所が建築現場の近くに作られたのである。ロッジは、石工たちが宿泊し、道具置き場とした拠点で、夏の間は休息をとり、冬は石材を加工する作業所ともなった。

ヴァランシエンヌのギルドのプロセッション。サン・ニコラ（ニコラス）のコンフレリー（信心会）の規約の挿絵に描かれているプロセッション（宗教行列）の風景。（15世紀。ヴァランシエンヌ、市立図書館）

ブールジュ大聖堂のステンドグラスにみえる建築現場の職人たち（石工、彫刻者など）。（一三世紀。ブールジュ大聖堂）

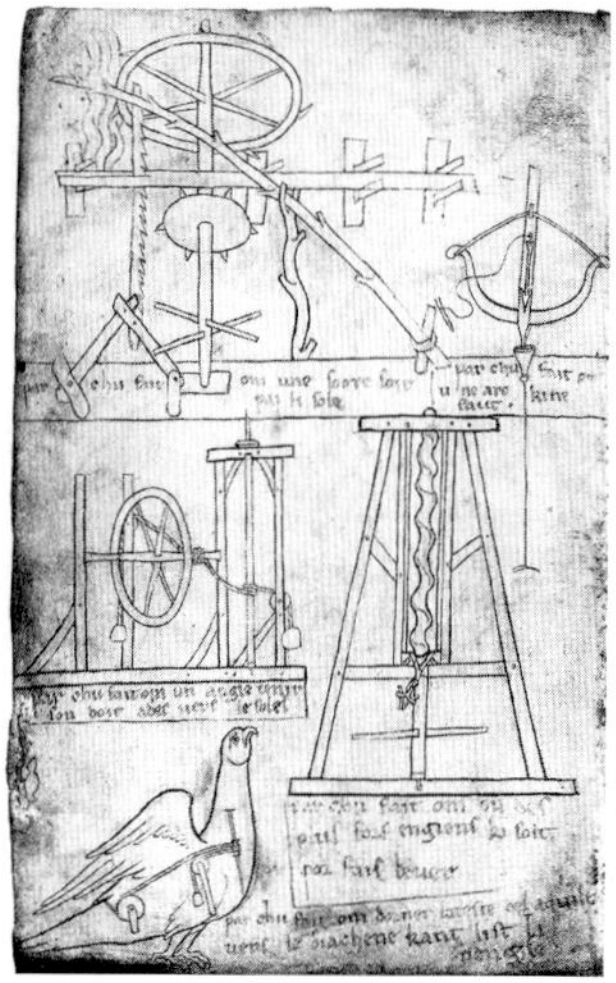

ヴィラール・ド・オヌクールの『アルバム』にみえるさまざまな機械、道具、鳥などのスケッチ。（一二三五年頃。パリ、フランス国立図書館）

ロッジという言葉は、次第に石工の集団・組織を連想させる意味をもちはじめ、のちには秘密結社とされるフリーメーソンの会合組織を意味するようになった。個別都市の同業組合を超えたインターローカルな石工の組織は、とりわけ神聖ローマ帝国諸都市を遍歴する石工職人の間で形成され、一四五九年には神聖ローマ帝国中の石工組合の代表がレーゲンスブルクに集まり、統一された規約を定めている。

大聖堂のような大規模建築では石工（大工）のマスター（棟梁）が職人集団を統率、指揮した。棟梁は、材料を知り尽くしているとともに幾何学の知識と力学上の問題解決能力を備えた建築家であり、彼らがコンパスと定規を使って作図した大聖堂の立面図や断面図（ランス、レーゲンスブルク、ウィーンなど）が残されている。一三世紀の建築家（石工のマスター）として名高い北フランス出身のヴィラール・ド・オヌクールは、ヨーロッパ各地の建設現場を巡って、教会建築や人物・動物の動きなどを生き生きと素描した建築史上有名な

大工の仕事：ノアの箱舟の建設。（1423年頃。ロンドン、大英図書館）

大工たち。『サン・ドニの生涯と受難』写本から。（1315～20年。パリ、フランス国立図書館）

大工ヨセフ。ロベール・カンパン画《メロードの聖母》部分図。(1425年頃。ニューヨーク、メトロポリタン美術館、クロイスターズコレクション)

画帖を残している。

石工をはじめとする建築業の職人の労働は、夏場は冬場より長く、夜明けから日没までの一二時間余りであった。一一月一一日の聖マルティヌスの祝日を境に冬場の仕事に移行し、昼の時間が減少するにつれて冬季の労働時間は短くなった。

石工が、大聖堂や修道院、市庁舎など大規模な都市の建築にかかわる一方、大工職人は、都市で一般的であった木造家屋の建設を通じて、建物の枠組みだけではなく、扉や窓、内部のさまざまな家具や食器など生活用品の製作にもかかわった。大工職には、都市で一年を通じて多くの需要があり、石工やガラス工のように遍歴することはまれで、都市に定住して活動した者が多かった。大工の守護聖人は聖ヨセフであり、中世のミニアチュールには、大工仕事をするヨセフがしばしば大工職のシンボルとして描かれたが、とりわけ一五世紀のフランドル絵画の巨匠の一人、ロベール・カンパンの筆になる《メロードの聖母》(「受胎告知の三連画」)では、鋸《のこぎり》や鉇、金槌、釘など、大工道具が並べられた机を前にして作業する聖母マリアの夫である大工ヨセフのきわめて写実的な姿が描かれている。

指物師の仕事場。『社会の第四の身分　職人あるいは労働』。フランス。Jean de Bourdichonの彩色写本から。(15世紀末。国立高等美術学校)

宝石商の店。『医学の書』。フランス。（15世紀。パリ、フランス国立図書館）

都市の木造家屋において、屋根瓦は大量に必要とされた。藁葺き屋根は火事になると危険なため、都市当局によってしばしば禁止されたからである。中世後期には、レンガの建築も一般的になっていくが、瓦や住宅の壁のモルタル仕様は、耐火のために不可欠であったため、モルタル工や屋根葺き工も大工とともに働いていた。また、窓ガラスが中世都市の庶民の住宅で一般的になるのは一五世紀以降のことであるが、一二世紀から教会や修道院で使われたステンドグラスの技術とともに、ガラス工業は一三世紀からヴェネツィアなどで発展し、市庁舎や都市貴族の邸宅などには早くから取り入れられていた。

金属加工業

鉄や銅を加工してさまざまな製品を作りだ

燭台を制作する金銀細工匠。旧約聖書挿絵。北イタリア（パドヴァ）。（1400年頃。ロンドン、大英図書館）

す金属加工業は、農村や遠方の鉱山から供給される原料（鉱石）に基づいており、その立地は鉱物資源の産出地と深くかかわっていた。たとえば、ムーズ川中流地方の都市ディナンやウイでは、ローマ時代から真鍮加工業が行われていた。一二世紀以降、この地で製作された食器、鍋、燭台などの真鍮加工製品は、「ディナンドリー」と呼ばれ、シャンパーニュの大市などを通じてイングランドやフランス、スペインをはじめヨーロッパ中に輸出された。「ディナンドリー」は、今日でもフランス語にその名をとどめている真鍮製品の通称となっている。

鍛冶匠は、農村や修道院においても活動していたが、都市では、蹄鉄や鍋釜、武具（剣やナイフ）などさまざまな金属加工製品を製作し、販売していた。彼らの仕事場は、かな床とふいご、煙突のついた暖炉などを備えていた。都市内では、火災と騒音のリスクのため、彼らの工房は夜の操業を禁じられ、都市の中心部から遠ざけられ、都市内の周辺部に住まわせられるという処置がとられた。とはいえ、鍛冶匠をはじめ、金属加工職人は、中世の都市経済にとって不可欠な存在であり、一二六八年のパリのプレヴォによる『同業組合の書』では、刃物工、真鍮加工、青銅加工（鐘製造工）、錫や鉛加工など二三に及ぶ金属加工業のギルドが記載されている。パリでは、彼らは職種ごとに集住して活動していた。

金属加工の職種の最上位には、金銀細工師と貨幣鋳造人が位置している。彼らは、王侯の庇護を受け、貴金属を用いた豪華な芸術品（金銀、宝石を使用した首飾りや指輪、銀製の食器や聖遺物の容器など）を作り出すとともに、イングランド王やフランス王に仕えて、貨幣の鋳造とその生産量の管理役を担うなど特権的な役割を果したのである。

糸紡ぎをする女性たち。オウィディウス『変身物語』写本から。フランス。（1385年。リヨン、市立図書館）

機織りをする女性。ボッカチオ『著名な貴婦人の書』から。フランス。（1410年頃。ロンドン、大英図書館）

職人のグループ。ボッカチオ『不幸な貴紳と貴婦人の事例』写本から。フランス。（15世紀半ば。ロンドン、大英図書館）

織物業（毛織物）と皮革業

羊毛から紡ぎだされて織られた布（毛織物）は、中世ヨーロッパ都市における最大の産業であった。一一世紀頃、フランドル地方で、垂直式の織機から水平式の織機への技術革新が生じ、より長くより幅の広い布地が織られるようになって以後、北フランス、フランドル地方を中心に、高品質な毛織物の生産が都市に特化して行われるようになった。

毛織物は、羊毛の刈込（剪毛）から始まって、打毛、糸紡ぎ、織布、縮絨、染色、仕上げといった、全体で三二工程にまで分化して作り上げられる高度な手工業製品であり、とりわけフランドルの三大都市を中心に都市ごとに独自の品質の毛織物が作られ、フランドルの年市、シャンパーニュの大市などを通じてヨーロッパ各地へ販売されたのである。毛織物生産においては、女性も打毛や糸紡ぎ、織布の工程をはじめ、その生産プロセスに深くかかわっていた。

また、縮絨は、高品質の布生産のために不可欠な作業工程であったが、縮絨工は悪しき労働条件で低賃金の職種であった。そのため、一三世紀後半に縮絨工のギルドが形成される

染色工の仕事。バルトロメウス・アングリクス『事物の本性について』挿絵。ブルッへ。（1482年。ロンドン、大英図書館）

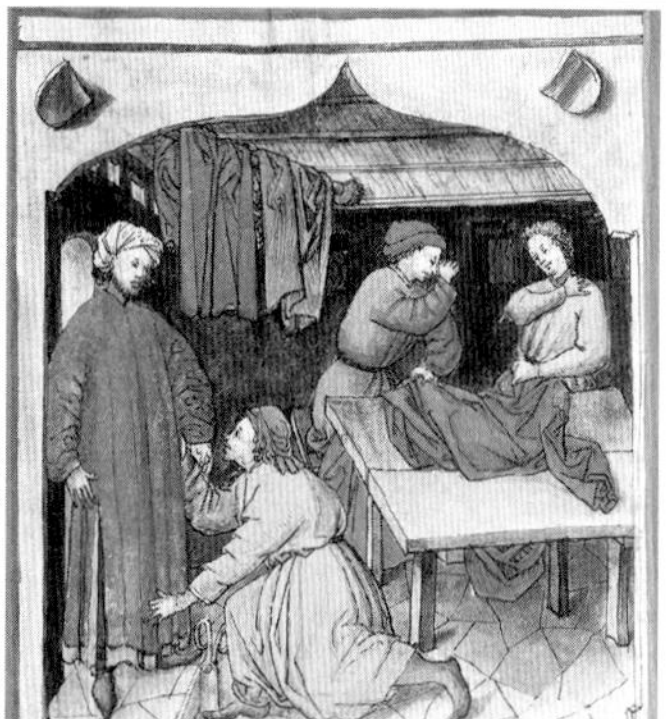

ドラピエ（毛織物商）の活動。『健康全書』写本から。ライン地方。（15世紀。パリ、フランス国立図書館）

14世紀ヘントの職業構造（1356〜58年）

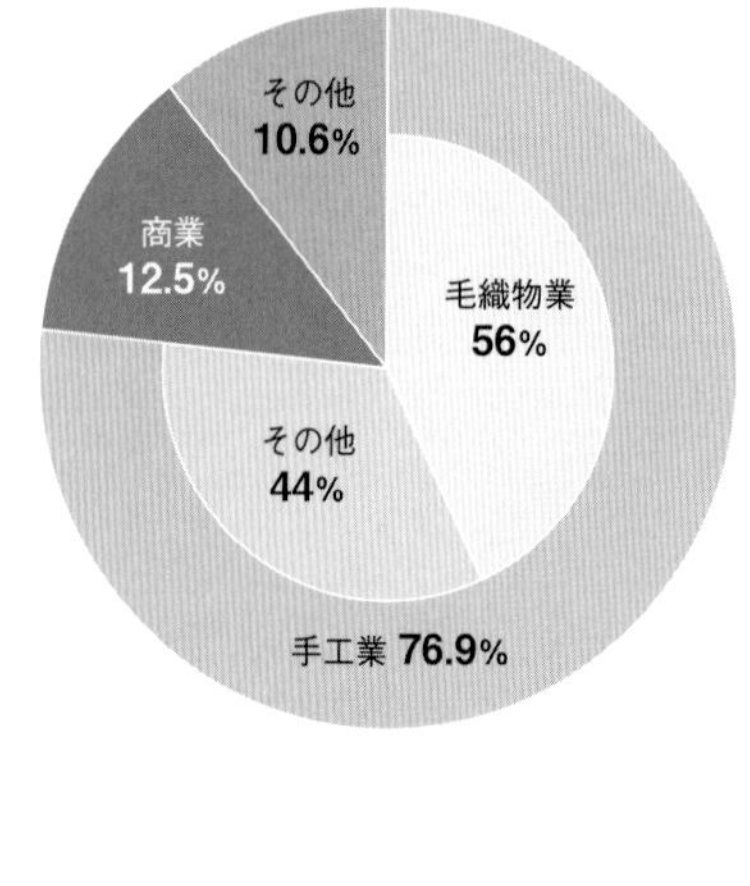

皮なめし工の作業。ドイツ。（15世紀。ロンドン、大英図書館）

と、彼らはしばしば異議申し立てを行った。一四世紀のヘントでは、都市の政治支配をめぐって毛織物工業ギルドの間での対立が激化したが、その中核には、織布工と縮絨工の対立があったのである。

　染色も、良質の毛織物の生産には欠かせない工程であり、特にピカルディー地方産の大青（植物）によって染められた輝かしい青色やカイガラムシ（ケルメス）による緋色などの鮮やかな色合いで染められた毛織物は高価であり、フランドル諸都市の富の源泉となった。染色工は、しばしば「青い爪」（オングル・ブルー）と呼ばれ揶揄された存在であったが、それは彼らの手の爪が染色液に浸かっているため、青みがかった色をしていたからである。彼らのギルドは毛織物職人のなかで、もっとも先鋭な集団でもあった。

　完成した布は、織元であるドラピエ（毛織物商）により販売された。パリの一二九二年の最古の課税（タイユ）台帳においては、ドラピエは一九名、一二九九年には四六名が現れている。パリのドラピエは、商人企業家であり、織布工、縮絨工、剪毛工、染色工、仕立て工を配下においた有力市民として、パリの市政にも関与していたのである。

　毛織物工業は、北フランス、フランドルと同様、フィレンツェにおいても重要な産業であった。一四世紀のフィレンツェの商人で年代記者であったジョヴァンニ・ヴィッラーニ（コラム3参照）によれば、一四世紀の前半にフィレンツェの人口の半分ないし五万人が毛織物業に携わっていると見積もられているが、その数はいささか誇張であるとしても、都市の労働人口の半数弱が毛織物業にかかわっていたのは、一四世紀に実質人口六万人のフランドル地方最大の毛織物工業都市であったヘ

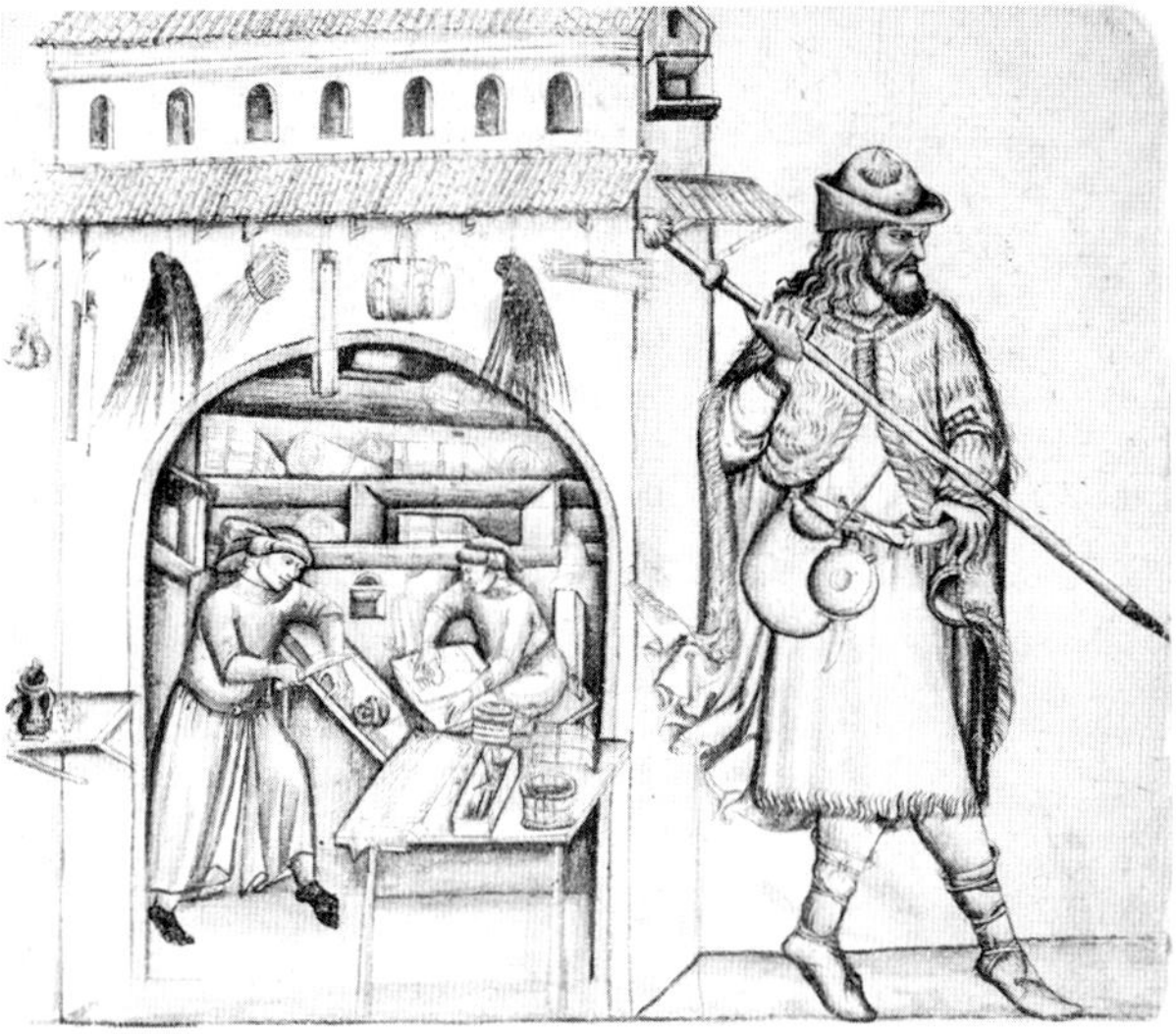

羊皮紙の工房。Fioriano da Vilola,『年代記』から。
（15世紀。ボローニャ、大学図書館）

服地の店。『健康全書』写本から。ミラノ。
（1390〜1400年。パリ、フランス国立図書館）

祝祭の準備をする料理人。『アレクサンドル大王のロマンス』から。南ネーデルラント（ブルッヘ）。（1344年頃。オクスフォード大学、ボドリアン図書館）

パン屋。（一五世紀。パリ、フランス国立図書館）

時禱書に見える肉屋と屋台。フランドルの時禱書挿絵。ブルッへ。（一五世紀後半。大英図書館）

ントにおいても同様であった。

パリでは、一三世紀末に毛織物業関係の職人は、およそ二〇〇〇人と推計され、フランドル都市やフィレンツェとは異なり、その活動は、輸出用の高級な製品ではなく、在地で消費される日用品生産に向けられていたようである。

中世後期には、毛織物、絹織物や、亜麻布など多様な素材の織物が生産され、それぞれの素材からさまざまな色合いとスタイルの服が仕立てられていった。また、皮革業のギルドも、毛皮や靴、手袋、ベルトなどの服飾関係のみならず、馬具や羊皮紙など都市の日常生活における多様なアイテムを生産する産業として不可欠であった。皮革業も、染色業と同様、大量の水を必要とし、都市内でも限定された地区での作業が求められた。また、匂いや汚水などの汚染の源ともなったため、都市内ではさまざまな苦情と規制の対象となったのである。中世後期のフランスやイタリアの都市条例には、しばしば皮革業ギルドへの規制が挙げられている。

中世後期の都市におかれた王侯の宮廷は、新たな服飾やファッションの流行を生み出す場であった。一四世紀後半から一五世紀のブルゴーニュ宮廷はそうしたファッションの生成の場としてとりわけ有名であるが、その宮廷が、パリやブルッへ、ブリュッセルなど、北西ヨーロッパの重要な商工業都市におかれていたことを忘れてはならないであろう。ブルゴーニュ宮廷の貴族たちのファッションと豪華な生活を満たしたのは、宮廷出入りのイタリア商人たちとともに、宮廷のおかれた諸都市における織物・服飾（仕立）職人、靴や手袋職人、貴金属加工職人たちの多様な活動であった。

食料関係（パン屋・肉屋・魚屋など）

都市の住人は、食料の生産者ではなかったため、日々の食料・飲料を供給する専門職が必要であった。粉にした小麦やライ麦でパンを焼き、ビールを醸造し、秋に家畜（豚など）

靴屋。アウグスティヌス『神の国』写本から。（15世紀。パリ、フランス国立図書館）

を屠って塩漬けにしたりするのは、中世の農村では各家庭の日常的な労働の一部であった。しかし、都市ではそれは、パン屋や肉屋、料理人、ビール醸造業者などの専門職人の仕事となった。

パン屋は、小麦粉の生地を木製の練り桶のなかでこね、パン焼き職人がパン焼き竈でそれを焼きあげた。

パリでは、一四世紀以来、パン屋は国王役人である「パン取締役」（グラン・パヌティエ）の管轄に服していた。「パン取締役」は、パン焼きの作業、労働日、パンの品質のすべてを管理していた。パン屋は、パン以外の製品を焼くことはできなかった。パリでは、パン屋の他に、菓子屋（パティシエ）などによってさまざまな焼き菓子やパテが作られた。

チーズとソーセージ屋とワイン売り。フレスコ画。イタリア。（15世紀末。アオスタ）

料理人（コック）も中世中期の都市には現れており、王侯の邸宅や富裕市民の家で雇用されていた。居酒屋や宿屋を経営する料理人もおり、焼いた肉やパイを販売していた。一三七八年にロンドン市当局によって定められた焼肉の固定価格リストが残されているが、そのリストには、豚、ガチョウ、去勢鶏、鴨、シギ、雲雀、鳩などが挙げられている。

中世の都市民は、肉を大量に消費していたと言われている。肉屋は、都市人口の増大とともに、肉の消費の拡大によって富裕な職業集団を形成していった。しかし、彼らは、通りで家畜を屠り、残骸を川に投棄して汚染を引き起こしたことで、皮革工や染色工ととも

宿屋の風景。フレスコ画。イタリア。（15世紀末。アオスタ）

にしばしば非難の対象となった。また、彼らはナイフや包丁を使う職業柄、武装能力もあり、血気盛んで、中世後期の都市で生じた暴力的な民衆反乱においてリーダー役をつとめるケースが多かったことも、肉屋という職業団体の都市における位置を考える上で重要な点であろう。実際、一三〇二年のブルッヘにおける手工業ギルドの「朝課の反乱」、一三八四年のリューベックにおける「市民闘争」、一四一三年のパリのカボシュの蜂起などは、いずれも不満分子の指導者を肉屋が担っていたのである。

また魚は、教会により毎週金曜日の肉食が禁じられたこともあり、日常的に相応の需要があった。一二九二年のパリのタイユ台帳には、四一名の魚匠が挙げられている。彼らは、セーヌ川やマルヌ川の王領地に属する魚を扱

床屋。北フランス。(1500～08年。パリ、アルスナル図書館)

魚売りの店。『健康全書』(写本)から。ライン地方。(15世紀。パリ、フランス国立図書館)

パリ大学で講義する教師(アモリ・ド・ベーヌ、1206年没)。彼は異端の嫌疑をかけられて失職したという。(14世紀初期のフランスの写本から。ロンドン、大英図書館)

ギルドとしての大学の成立。1209年に創立されたケンブリッジ大学の最初の印章(1261年)。学長が2人の学生監の間で着席している。下には、ケンブリッジの名前の由来となったケム川にかかる橋が描かれている。(ケンブリッジ、フィッツウィリアム博物館)

著名な法学者ジョヴァンニ・ダ・レニャーノの講義を聴くボローニャ大学法学部の学生たち。1385年頃の彫刻。(ボローニャ、中世博物館)

う「王の魚匠」の他、淡水魚、海水魚を扱う魚匠に分けられていた。

その他、一二九二年のパリのタイユ台帳に見える一三〇種の職種のうち、数が多かったのが、靴職人、毛皮職人、仕立屋、蠟燭工、樽工、ビール醸造業などのモノ作りの職人、サーヴィス・流通業に携わる床屋、各種の宿屋（オーヴェルジュ、オテルリエ、タヴェルニエ）、洗濯女、水やワインの呼び売り人などであった。

イタリアの学校。（15世紀。リヨン、市立図書館）

3●知の労働
――教育・文学・医療・芸術的活動

一二世紀以前、教育（読み書き）は、教会と聖職者の手にあり、司教座聖堂付属学校や修道院付属の学校で聖職者を養成するための学校が開かれていた。しかし、一一世紀末～一四世紀の間に、パリやボローニャ、オルレアン、オクスフォードなどで大学が誕生し、自由七学科（リベラルアーツ）や法学、医学、神学を学ぶ学生たちが増加した。大学もまた手工業ギルドと同様、教師と学生たちの組合から構成される同職団体を形成したのである。

一三世紀は、知識人と呼びうる学者・教養人を生み出した時代である。ドミニコ会士のトマス・アクィナスやフランシスコ会のボナヴェントゥラのような神学者の他、『歴史の鑑』など膨大な百科全書的著作を残したヴァンサン・ド・ボーヴェーらが現れ、都市は知識を売る場として重要な舞台となっていった。大学の発展と並行して、俗人の教師による初等教育も都市で発展した。フィレンツェで、

13世紀に『歴史の鑑』など多くの百科全書的著作を残したフランスの知識人ヴァンサン・ド・ボーヴェーが書斎で斜めの書見台に向かって執筆している情景。15世紀末のフランドルの写本画から。（ヴァチカン図書館）

内科医と薬屋。Gilles de Rome,『君主の統治の書』から。フランス。（16世紀初頭。パリ、フランス国立図書館）

書記の仕事。フランス。（15世紀。パリ、フランス国立図書館）

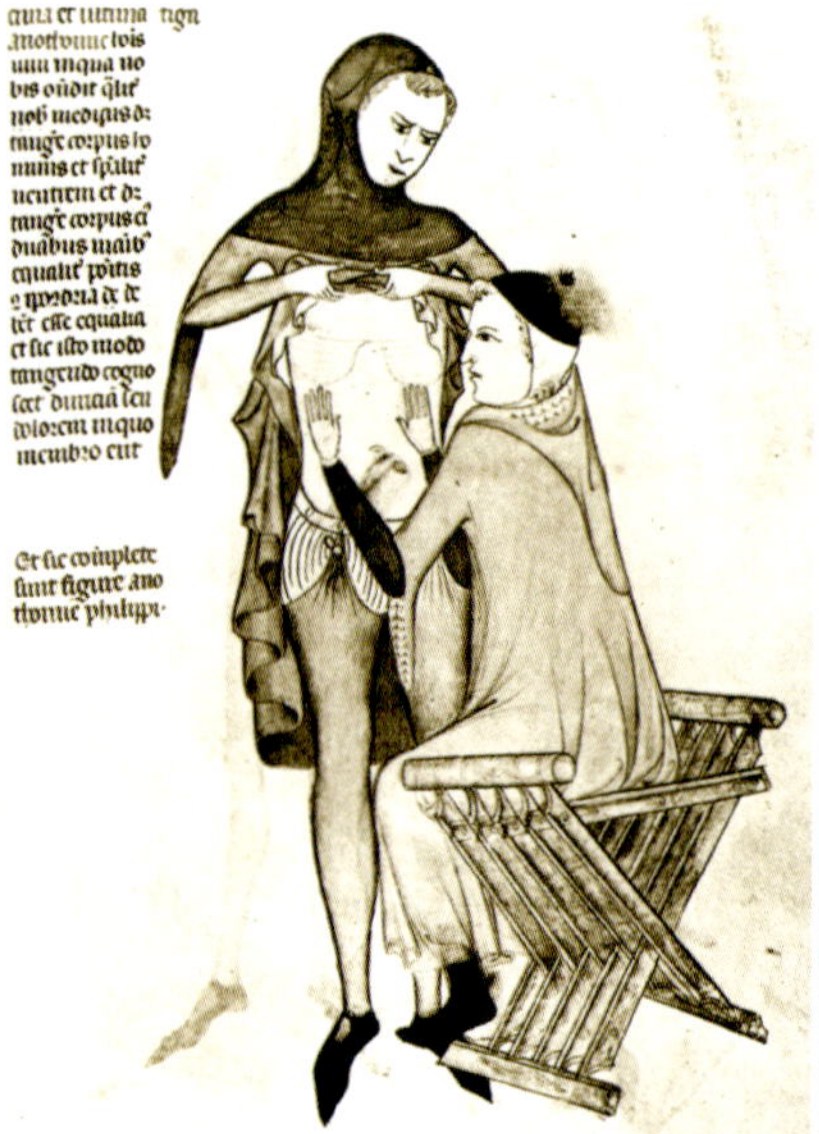

診察する内科医。（1345年。ギィ・ド・ヴィジュガノの『アナトミア』より）

外科医（サレルノの外科書）。さまざまな傷を手当てする外科医サレルノのロジャー。（1300年頃のイタリアの写本画。ロンドン、大英図書館）

礼拝堂の内部を装飾する画家。ヴァレリウス・マクシムス、『箴言』から。
（パリ、フランス国立図書館）

女画家。ボッカチオ『貴婦人の書』。フランス。
（1402年。パリ、フランス国立図書館）

一四世紀前半に、「読み書きを学んでいる子供の数は八〇〇〇人から一万人、六つの学校で算盤《そろばん》と算術を学んでいる男の子は一〇〇〇人から一二〇〇人いる」と記したのは、同時代のフィレンツェ商人ジョヴァンニ・ヴィッラーニであった（清水廣一郎『中世イタリア商人の世界』）。

都市や教会で文書作成のための書記や公証人、大学の教師や学生のためにテクストを再生産した筆記の専門職（写字生、コピイスト）もまた、一三世紀以降増加した。富裕な王侯貴族や高位聖職者のために時禱書のような華美な彩色写本を制作する専門職人も現れた。ベリー公のために作成されたランブール兄弟の『ベリー公のいとも豪華なる時禱書』（一四一三～一六年）は、その代表的な作品である。

一五世紀後半には、活版印刷による書物の出版もパリ、ブルッヘをはじめ各地の都市で行われるようになり、印刷所や出版者が新たに知の世界で役割を果たすようになる。ヴェネツィア、リヨン、アントウェルペンなどが重要な活字本の出版地として頭角を現していったのは、一五世紀末から一六世紀にかけてであった。

他方、医師（内科）や床屋を兼ねた外科医、薬種商（薬屋）などの医療関係の仕事も専門化した。医師はパドヴァ、モンペリエ、パリ、トゥルーズなどの大学医学部の修了者であり、床屋は、多くの手工業者と同じく徒弟修業によって親方となった。外科医はまだ医師とみなされておらず、床屋によって兼業される仕事でしかなかった。しかし、内科医が病人を外面から観察したのみで、薬の処方は薬種商に基づいていたのに対し、床屋は実際に患者に瀉血《しゃけつ》を施し、骨を接ぐといったさまざまな医療行為を実践したのである。南フランスでは、特にユダヤ人の医師の活動が重要であった。

画家は、中世においては職人（画工）であり、聖ルカを守護聖人とする聖ルカ組合（画工ギルド）を彫刻家、彩色写本画家、写本制作者などとともに同職ギルドとして構成していた。ロベール・カンパン、ハンス・メムリンク、ヘラール・ダヴィッドら初期フランドル派と呼ばれる画家たちも、それぞれトゥールネーやブルッヘの画工ギルドに所属して作品を制作した。イタリア都市の画家たちも同様であり、あくまでも聖ルカ組合の一員として宮廷や教会、富裕市民などパトロンからの祭壇画や肖像画などの注文に応え、それぞれの工房で作品を残したのである。

ユダヤ人のイメージ。上:聖書と聖杯を盗んだユダヤ人の処刑。ザクセンシュピーゲル（法書）、15世紀の写本から。下：差別の印をつけられたマントヴァのユダヤ人銀行家ダニエル・ノルサ（左）。（15世紀。ルーヴル美術館）

4●非市民層・周縁集団

中世都市は、階層化された社会であり、一三世紀以降、貴族を含む少数の富裕商人や親方が都市の政治を支配する寡頭政治体制をとっていた。市民権をもつ市民は、都市内に土地や家屋をもち、原則として一定の権利（裁判）と義務（軍役、納税）を享受したが、都市の住民は、むろんそうした市民権をもつ者だけではなかった。周辺の農村や外国から流入した多くの移住民たちが、日雇い・賃金労働者として都市の下層民を形成したのである。都市の課税台帳で一定金額以下の課税か、免税の対象とされた貧困状況におかれた下層民（「貧民」）は、中世後期には増大し、都市に住居をもたないもの乞いや浮浪の民となる者も多かった。彼らの社会的流動性は大きく、都市の中産層を構成していた親方・職人であっても、病や事故など偶発的な要因で家族ごと貧困に陥る者も少なくなかった。

北西ヨーロッパ最大の都市となっていた中世後期のパリでは、職業的なもの乞いが八〇〇〇人以上も存在し、シャトレ裁判所で窃盗や殺人、賭博などの罪で裁かれた者たちの多くが、家族的絆を失った農村出身の職人、賃金労働者や奉公人、行商人であったと言われている。

そうした「貧民」や「犯罪者」と並んで、都市における異質な存在として、ユダヤ人や娼婦、ハンセン病者などが都市で区別された社会集団（マルジノー）として位置づけられていった。彼らは、すでに一三世紀から、教会（第四ラテラノ公会議）や都市当局による社会的

公共浴場（娼婦宿）。上:娼婦たちと客。ドイツ。(1470年頃)。右：娼婦宿に入る若者。フランドルの時禱書挿絵から。(1320〜30年頃)

アクロバットを演じる楽師・曲芸師たち。上：11世紀スペインの写本挿絵。下：14世紀イングランドの写本挿絵から。(いずれもロンドン、大英図書館)

規制（奢侈条例）の対象となり、彼らを一般の都市民から区別するための服装や装飾品の規定（赤いヴェールや黄色のマーク、白の頭巾やマントなど）が可視的な標識として適用されたのであった。

居酒屋は、家族的絆をもたない人々を結びつける要の場として、また都市の公共空間と私的空間の境界における寛ぎの場として現れる。B・ゲレメクの中世後期パリの周縁集団（マルジノー）に関する研究によれば、一四〜一五世紀のパリの犯罪者の多くが二〇代から三〇代の単身者で、居酒屋や宿屋で知り合った仲間と犯行に及んでいた。パリにおける居酒屋の数は多く、一五世紀の都市当局の記録では二〇〇〇軒を数えた（同時代のギベール・ド・メッスは、彼の著作においてパリの居酒屋を四〇〇〇軒と誇張して述べている）。居酒屋では、飲酒（ワイン）とともに骰子（ダイス）やカード、九柱技（ボーリング）など、さまざまな賭け事が行われた。フランスでは、都市住民のモラル低下を危惧するカトリック教会とともに、ルイ九世以来、王令によって居酒屋における賭け事やゲームの禁止が布告されたが、効果はなかった。これらのゲームは、実際のところ都市の庶民（職人や奉公人、賃労働者）にとって最大の気晴らしの手段であったからである。一三九七年のパリのプレヴォ（奉行）による布告は、職人やその他の庶民が仕事に励む代わりに居酒屋で酒や賭け事にふけり、有り金す

音楽家。左：踊る熊と弦楽器を演奏する楽師。フランス。（1350年頃）
上：1393年のフランス宮廷における〈燃える舞踏会〉とよばれた火事による事故の光景。トランペッターが上方で演奏している間に、貴族の前で「野人」の姿で踊っていた俳優たちの仮装衣装にたいまつの火が燃え移った出来事で、これを見ていた国王シャルル６世の精神状態が悪化したという。（15世紀。ロンドン、大英図書館）

べてをつぎこみ、財布を空にしたあげく、多くの者が盗みや殺人やその他あらゆる犯罪に向かっていると述べていた。パリでは、そうした集団に大学の若い学生や聖職者の一部も含まれていた。中世の都市において遊びやゲームは、非常に激しい感情の爆発を生み、さまざまな暴力的状況を生み出したのである（N・ゴンティエ『中世都市と暴力』）。

また、都市から都市へと移動しながら活動していたミンストレルやジョングルールと呼ばれた楽師（楽器演奏者や吟遊詩人）は、フランスでは、ルイ九世の統治下で楽師の団体に組織され、都市の同職集団のひとつとなっていった。王侯の宮廷や都市当局に雇用された楽士（トランペッターなど）も次第に増加し、一四世紀から一五世紀にかけて、教会音楽を担う歌手やモテットなどの作曲者として教会や宮廷において社会的上昇を遂げる者も出てきた。パリでは、楽師は、一五世紀にジョングルール通りに集住して活動するようになる。都市に定住して職を得た楽師の地位は必ずしも差別的なものではなかったが、住居をもたない放浪楽師も少なくなく、他の浮浪者やもの乞いと同様に猜疑の目で見られ続けたことも否定できないであろう。

物書き商人の世界――G・ヴィッラーニの『新年代記』

ジョヴァンニ・ヴィッラーニ（一二八〇頃〜一三四八年）は、フィレンツェ出身の商人、政治家で、二〇代の初めから北フランスやフランドル地方に滞在し、一四世紀前半のヨーロッパの情勢を広く見聞した稀有な人物の一人である。彼は、若くしてフィレンツェの大商社ペルッツィ商社と組み、一三〇二年には、フランドルのブルッヘに滞在した。一三〇二年七月は、フランドル都市の市民軍（歩兵）が、フランス王率いる騎馬の騎士軍をコルトレイク近郊で打ち破り、第三身分としてのフランドル都市民の力量を世に知らしめた著名な「金拍車の戦い」が行われた時であり、ヴィッラーニは、この世紀の戦いにおいて両陣営のいずれにも属さない第三者として歴史的証言者となった。

ヴィッラーニの肖像。（16世紀刊行の『フィレンツェ史』より）

その後、彼は、弟のマッテオとともに、ブォナコルシ商社に転じて商人・銀行家として広範な活動を続けた。ブォナコルシ商社も、ペルッツィ商社と同様、北はイングランドから南イタリア、南フランスなど、地中海海域に広範な支店網をもち、ワインや毛織物、香辛料など多くの商品を売買するとともに、両替、貸付をはじめとする金融業に携わっていたからである。彼は、また一三二〇〜三〇年代には、故郷のフィレンツェの都市政治においても活躍し、都市の代表であるプリオール職に三度就任した他、都市の財政、外交にかかわる役職を何回も務め、また市壁建設の任にもあたった。しかし、晩年の一三四〇年代は、ヨーロッパが経済的危機の時代をむかえ、ペルッツィ商社をはじめ多くのフィレンツェの銀行・商社が破産したが、ブォナコルシ社もその運命を免れなかった。彼は、ブォナコルシ社の代表者としてフィレンツェのコムーネ政府との交渉でその責任を問われ、一三四六年に投獄の憂き目にあっている。彼はその二年後にペストで亡くなった。

彼の生涯は、広く国際的な商業取引に従事したのち、引退して母国に戻り、故郷の都市政治に参与するという、当時のフィレンツェ商人の典型的な生き方に従ったものであった。加えて、彼は「物書き商人」として、商業、政治活動だけではなく、さまざまな著述を残した。彼は、聖職者や学者とはことなり、俗語（日常語）であるイタリア語で、歴史や人物とりわけ詩人のダンテについての著述を残した。『新年代記』（ヌォーヴァ・クロニカ）は、彼の故郷フィレンツェの都市の歴史を年代順に彼の同時代に至るまで叙述した作品であり、統計的な数字（もちろん誇張された数字も含まれているが）を多用し、またさまざまな出来事の分析を合理的に記述していることが特徴的である。読み書き能力をもつ商人が都市の歴史を記述したパイオニア的著作として注目されよう。この年代記は、彼の死後弟のマッテオによって引き継がれ、今日においても中世フィレンツェの歴史を繙《ひもと》く者にとって、マキャヴェッリやグイッチャルディーニの『フィレンツェ史』に先立つ一四世紀人の記録として興味深いものである。

なお、彼の活動については、イタリア中世史家の清水廣一郎氏が『中世イタリア商人の世界――ルネサンス前夜の年代記』（平凡社、一九八二年）で詳細に紹介されているので、参照していただきたい。

column 4

一五世紀ブルッへの画家――ペトルス・クリストゥス

《キリストの生誕》。（1452年。ブルッへ、フルーニング美術館）

一五世紀フランドル絵画の巨匠と言えば、ヤン・ファン・エイク（一三九〇～一四四一）にまず指を屈するであろう。しかし、一五世紀半ばのブルッへで活動したペトルス・クリストゥス（一四一〇／二〇頃～七五頃）は、ヤン・ファン・エイクとロヒール・ファン・デル・ウェイデンの影響を受けながら、独自の画風を打ち立てた画家である。彼は、オランダとベルギーの国境に近いブラバントの村（Baerle）で生まれ、二〇代の半ばにブルッへの町にやってきた。当初、ヤン・ファン・エイクの工房で数年間働いていたようであるが、画家たちの同業組合である聖ルカ・ギルドのメンバーとなって自身の工房を構え、以後亡くなるまでの約三〇年間にわたってブルッへで活動した。彼の顧客は、一般市民、貴族、教会諸組織など広範であり、数多くの祭壇画や肖像画を受注した。ヤン・ファン・エイクの没後、一四四〇年代から六〇年代のブルッへの芸術活動の最盛期にあって、彼の後継者として豊かな色彩と緻密な空間表現を特徴とする作品を残している。

クリストゥスは、空間の緻密な構築に魅

せられており、ネーデルラントにおいて最初に体系的な遠近法（透視図法）を用いた人物とされている。彼の代表作のひとつが《キリストの生誕》（一四五二年）であるが、この祭壇画では、ヤン・ファン・エイク譲りの赤、緑、橙、黄、黒など人物の服飾を引き立てている多彩な色合いの配合と完璧な遠近法による画面構成が印象的である。

また、《カルトジオ会士の肖像》（一四四六年）では、トロンプ・ルイユ（だまし絵）の手法で描かれた額縁の上に一匹の蝿が止まっており、あたかも蝿が実際に絵の前に止まっているかのような写実的なイリュージョンを見る者に抱かせる効果を与えている。彼の肖像画は、ブルッヘ市民やブルゴーニュ宮廷からの多くの注文を受けたが、《金細工匠の店》（一四四九年）では、金銀細工匠の守護聖人である聖エロワを主題としつつ、聖エロワを一人の金銀細工匠として描き、中世末期の市民の店舗の風景とそこに居合わせた若い男女が丹念な服装の描写とともに描き出されているのである。

クリストゥスは、一五世紀のブルッヘにおいて祝祭的団体として重要な役割を果たした「雪の聖母《マリア》」兄弟会や、「乾木のマリア」兄弟会のメンバーとしても活動し、ブルゴーニュ公シャルル突進公とマーガレット・オブ・ヨークの結婚式（一四六八年）において、その盛大な祝賀のためのブルッヘへの町の飾りつけや「活人画」（タブロー・ヴィヴァン）の舞台の設定を差配した芸術家の一人と目されている。彼は、画家であったが、当時の芸術家の多くがそうであったように、祭壇画や肖像画を描くだけではなく、都市の政治や文化のさまざまな領域で才能を発揮し、有力市民の一人として活動していたのである。その意味でクリストゥスは、まさしく「北方」ルネサンスの芸術家であったと言えるだろう。

《カルトジオ会士の肖像》。（1446年。ニューヨーク、メトロポリタン美術館）

《金細工匠の店》。（1449年。ニューヨーク、メトロポリタン美術館）

第3部 中世人の日常

第7章 中世の人々の一年と一生

1●宗教生活

中世社会は、キリスト教会による司牧の下におかれており、農村においても都市においても小教区を単位として日常生活が営まれていた。人々は、教区教会で司祭から洗礼や結婚の秘跡を受け、また家族が亡くなった時は、終油の秘跡を受けて故人が天国に旅立つのを見送った。葬儀は教区教会で行われ、死者は教会付属の墓地へ埋葬されたのである。このように、中世ヨーロッパの人々の一生において、カトリック教会の果たした役割は大きかったが、キリスト教のみが人々の心の安寧を支えていたわけではなかった。農民たちにとって、森の聖霊や大地の地母神は、日常生活における病気や怪我の治癒や豊饒祈願の対象であり、異教とされた多神教的信仰は、中世ヨーロッパ世界に深く浸透していたからである。南フランスを中心に一二～一三世紀以降流布したメリュジーヌ説話やアルザス地方で知られている聖なる犬の伝承（ギヌフォール信仰）のように、半人半獣の超自然的存在（妖精）や動物の化身が、土地開墾や子孫繁栄、安産や子供の病の治癒などに対する人々の願望に応える存在として崇敬され、人々の心に生き続けたのは偶然ではなかったのである。

また、都市で行われたカーニヴァルのような祝祭において、巨人や野人のような人物が登場し、聖俗の秩序の転倒によってハレとケが交代し、共同体が活性化されるという儀礼も、キリスト教信仰のうちにとどまらない人々の宗教的意識の横溢を示していると言えよう。

中世の暦の一年は、地域により異なり、一月から始まるところや、三月の復活祭を画期として一年が始まるところなど、さまざまであった。また、日付や時間も統一されていたわけではなく、イングランド、フランス、イタリアなどそれぞれの地域で、固有の時間が流れていたのである。

キリスト教会は、そうした農村や都市の生活を律するべく、教会暦を通じて一年の流れを制御しようと試みた。イエスの降誕、受難、復活を中心に、イエスの生涯の追体験ができるよう設定されたのが、復活祭や聖霊降臨祭といった移動祝日や、イエス降誕（クリスマス）をはじめ、聖母マリア、天使、諸聖人を称える祝日である。かつて、ゲルマン人にとって夏の始まり（夏至）である火祭りの祝日であった六月二四日を聖ヨハネの祝日に変えつつ、その祝祭日を維持したのもカトリック教会による政策であった。こうして教会暦に基づく一年の「とき」の推移が定式化されていったのである。主要な聖人の祝日以外に、地方聖人の祝日が設けられたり、同じ聖人であっても地域によってその祝日が異なる場合もあったが、カトリック教会は、毎年めぐってくる祝日を定めることで、ヨーロッパの一年の「とき」の歩みを定式化しようとしたのであった。ここでは、一例としてクリスマスから始まるフランドル都市ブルッへの一年の暦を示しておこう。

この表からもわかるように、移動祝日は、復活祭を中心に、一年の前半に集中しており、六月以降の一年の後半はすべて固定祝日となっていた。三月下旬から四月下旬にかけてやってくる復活祭（イースター）は、春を告げる一大イベントであり、それに続く五月の「聖血の行列」、祈願祭、聖霊降臨祭などでは、都市内の一定のコースを聖遺物や十字架を掲げた聖職者を筆頭に多くの市民が参加して行進していく宗教行列（プロセッション）が行われ、祝祭のハイライトとなった。プロセッションに参加した市民は、都市のギルドや後述する兄弟会（宗教的絆で結ばれた自発的な団体）のメンバーなどが中心となっていたが、その他の人々や都市外から訪れた人々も観衆としてそうした儀礼に参加したのである。

《ネーデルラントの村の祭り》P.ブリューゲル画。（1568年頃。ウィーン美術史博物館）

中世ブルッへの主要な祝祭日（◎ 移動祝日）

月日	名称
12月　25日	クリスマス（キリスト降誕祭）
12月　28日	聖嬰児の祝日（少年司教の祭典）
1月　1日	キリスト割礼の祝日
1月　6日	公現祭（エピファニー）
1月　7～13日	ロバ教皇の祭典（愚者の祭典）
1月　25日	聖パウロの回心の祝日
2月　2日	聖母のお清めの祝日
	［四旬節］
◎	カーニヴァル（謝肉祭）
3月　12日	聖ゲオルギウスの祝日
3月　25日	聖母の受胎告知の祝日
◎［復活祭直前の日曜日］	棕櫚の主日
◎［春分の日の後の最初の満月に続く日曜日］（3月21日～4月25日の間）	復活祭
5月　3日	聖十字架の祝祭と聖血の祝祭
◎	祈願祭（ロゲーション）
◎	聖霊降臨祭（復活祭後の第七日曜）
6月　5日	聖ボニファティウスの祝日
6月　24日	洗礼者ヨハネの祝日
7月　25日	聖ヤコブの祝日
8月　15日	聖母の被昇天の祝日
9月　8日	聖母生誕の祝日
9月　29日	聖ミカエルの祝日
10月　1日	聖レミギウスの祝日
10月　14日	聖ドナティアヌスの祝日
10月　18日	聖ルカの祝日
10月　21日	聖ウルスラの祝日
11月　1日	万聖節
11月　11日	聖マルティヌスの祝日
12月　6日	聖ニコラスの祝日

ブルッヘでは、聖母マリアの祝日をはじめとする全市的に祝われた特定の守護聖人の祝祭の他に、ギルドや兄弟会などの個々の守護聖人が個別に祝われていた。また、ケルメスと呼ばれた主要な教会の奉献の祝日も、毎年盛大に行われ、宴会、ダンス、ゲーム、コンペティション（射手ギルドの都市対抗競技会）などが数日間にわたって開催されたのである。

農村の祝祭も、諸聖人の祝日を中心に祝われた。農村では、秋の穀物やブドウの収穫とともに荘園の会計年度の終わりで税の支払いに当たる時期の祝日（九月二九日の聖ミカエルの祝日など）や、冬支度に入る十一月初旬の万聖節（十一月一日）や聖マルティヌスの祝日（一一月一一日）は、とりわけ盛大に行われたのであった。一六世紀の絵であるが、ブリューゲルの描くネーデルラントの農民の祭りの風景は、まさにそうした農村における祝祭のありようを教えてくれていると言えよう。

産湯。イエスの誕生を描いた絵だが、この挿絵が制作されたパリにおける15世紀初めの出産風景を想像させる。（1414年頃。フランス、シャトールー市立図書館）

授乳。赤ん坊が着せられた産着のスタイルもよく分かる。（1400年頃。パリ、フランス国立図書館）

2●人々の一生

一二世紀になると、聖職者が執り行う儀式を通じて、神の恵みが信者に与えられるという秘跡の考え方が定着する。それ以前から行われていた人の生き死にに関する行事は、以後、洗礼、堅信礼、結婚、臨終という四つの秘跡を中心とするようになる。都市か農村かを問わず、人々の一生は、それぞれが属する教区教会で行われるこれらの宗教儀式とそれに引き続いて行われた祝祭によって区切られるようになった。

子供が生まれると、教区教会で洗礼が施された。中世初期には、まだ未受洗の大人が洗礼を受ける機会も多かったため、全身を水に浸す浸礼が一般的だったが、キリスト教化が進んだ結果、遅くとも一三世紀には、受洗の対象は新生児だけになり、洗礼盤と呼ばれる洗面器状の小型の設備が一般化していった。

堅信礼。（1357年頃。パリ、サント・ジュヌヴィエーヴ図書館）

まだ産褥の床にある母親に代わって、代父母が選ばれて、教会で洗礼に立ち会った。同時に、その子の守護聖人となる聖人の名前がファースト・ネームとして付けられた。庶民の場合は、聖ヨハネや聖パウロ、聖ヤコブ、聖

新生児の洗礼。司教が施している。左側の男女は、2人の代父と3人の代母。（15世紀。パリ、フランス国立図書館）

結婚式。ローマ時代以来、新郎新婦による「右手の握手」が両性の合意を象徴する儀式だった。結婚式がキリスト教化されていくと、この儀式は司祭の手のなかで行われるようになった。（1430年頃。フランス、トロワ市立図書館）

子供、壮年、老人という人生の3段階を示す絵。子供については、乳児から少年までが区別されて描かれている。（1470～90年。パリ、フランス国立図書館）

囲炉裏のまわりに集う庶民の家族。赤ん坊もいる。（1390～1400年頃。パリ、フランス国立図書館）

母マリアなどにちなむ、ごく限られた名前が与えられたため、個人名にはあまり違いがなかった。信仰を確認する儀式である堅信礼は、もともと洗礼からまもない時期に行われていたようだが、一三世紀以降、七～一五歳の子供に施されるようになった。

中世は、現在の日本の出生率と死亡率と比べると、だいたい四～五倍の多産多死の世界だったと推定されている。不衛生や栄養不良のために幼い命を落とす新生児や乳児が多死の大部分を占めていたことは疑いなく、そうしてみると、こうして洗礼を施されたのちに、彼らの苛酷な人生が始まったのだった。

なんとか生き延びることのできた子供は、七歳を過ぎると、たちまち大人の社会に放り込まれる。聖職者になるべく修道院に預けられ、そうでなければ、農作業を手伝ったり、商人や手工業親方の家に徒弟奉公に出された。

今のような子供という観念は薄く、中世の子供たちは、幼年期が終わるといきなり大人の世界に身を投じたのである。

婚約や結婚が、人生の区切りを構成するイベントであることに、今も昔も変わりはない。一二世紀頃からは、教会が結婚式にかかわるようになり、それまでは世俗の家族行事だったものが、次第に教会を舞台とし、司祭によって執り行われるようになっていった。同時に、一夫一婦制、夫婦間の貞潔、近親婚の禁止、結婚の不解消が求められるようになった。ただし、キリスト教の結婚は両性の合意を原則とするが、政略結婚が普通だった有力者の家族では、家と家との結びつきが重視された。今ほどに当事者、特に女性の意思は尊重されなかったように思われる。庶民でも、婚姻に際して、財産の移動や家族の扶養に関する詳細な契約書が作られたケースが知られている。

近世の地域社会では、若者組と呼ばれる思春期の男子グループの活動が公認されていて、彼らは、自分たちの婚姻の機会を奪う、年齢の離れた老人男性の再婚が行われた場合には、フランス語でシャリヴァリと呼ばれる騒ぎを催しつつ、それを容認したことが知られている。おそらく中世でも、同じようなことが行われていただろう。その一方で、結婚の際の宴会が、村や街区を挙げての一大イベントだったことは言うまでもない。

家族の形は、すでに古代ローマ時代末期から単婚核家族が主流になっていた。一一世紀

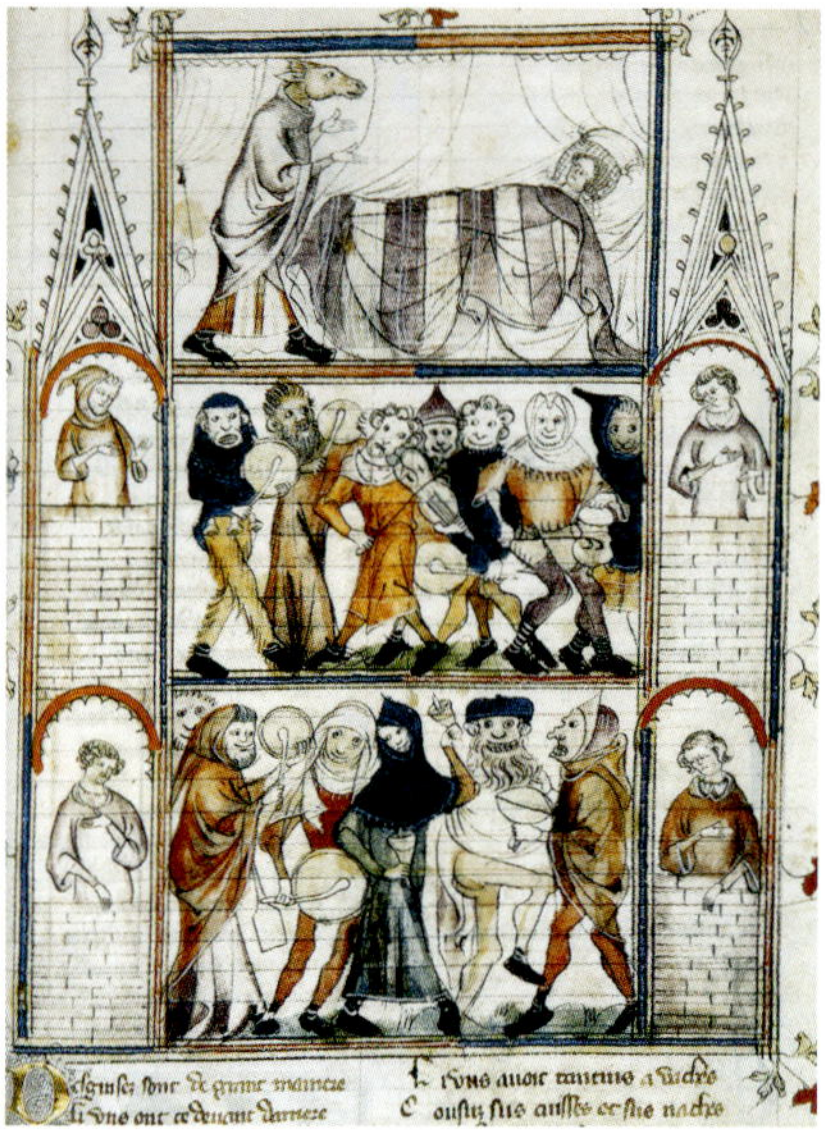

シャリヴァリの様子を描いたほとんど唯一の中世の図像。（1318〜20年。パリ、フランス国立図書館）

キスする羊飼いの男女。家ではプライバシーを守ることは難しかったので、屋外でのこうした光景は珍しくなかったことだろう。ただし、木陰からそれを覗いている男がいるが。（1492〜95年。サンクト・ペテルブルク、ロシア国立図書館）

死のイメージ。（一四一〇年。パリ、フランス国立図書館）

核家族の姿。（13 世紀。ニューヨーク、モルガン図書館）

埋葬。（15世紀。ニューヨーク、メトロポリタン美術館）

上：ルーアン（フランス、セーヌ・マリティム県）の旧サン・マクルー墓地。中央の十字架が、ここが中世以来の墓地だったことを物語る。四方を取り囲む16世紀の建物の1階は、かつては回廊のように中庭に向かって開かれており、2階には、墓地から掘り上げられた遺骨が積み上げられていた。下：梁に刻まれた骸骨と墓掘り道具。（著者撮影）

パリのオテル・デューの内部。中世の4つの枢要徳（思慮、節制、正義、忍耐）を表す4名の修道女と手伝いの女性が、病人たちの足元に立っている。15世紀の彩色写本。（パリ、公的救護博物館）

以降、農業技術が発展していくと、ますます農業経営の集約化が進行し、次男や三男にも耕地を分割相続させることができるようになったということもあった。一三世紀には、経済の好況期に都市民の世帯でも同様の事態が生じていた。こうして、今に続くヨーロッパの家族形態が生み出されていったのである。

それでは、人生の最後に訪れる死はどのようにして迎えられたのだろうか。

死に際しては、臨終の床で終油の秘跡が施されて、死後の救済が保証された。都市民については、遺言書が残されることが多いが、そこでも、内容の大部分は、霊魂の救済を期待しての、宗教施設に対する寄進である。

パリのキャーンズ・ヴァン施療院（ルイ9世が創設した視覚障碍者施設。15×20で、定員300人）とオテル・デュー（シテ島にあった施療院。かつてはノートル・ダム大聖堂の向かい側にあったが、現在は、その北西側に近代的な病院となって存続している）。（15世紀の年代記写本より。パリ、フランス国立図書館）

霊魂と比べると、遺骨の取り扱いは淡白だった。庶民の場合、中世の墓がそのまま現存することがまれなのは、教区教会に隣接する墓地が幾度も掘り返されて利用されたからだ。そのため、古い墓から掘り出された遺骨を、納骨堂や墓地を取り巻くようにして建てられた回廊の屋根裏に納めることなども行われたのだった。

3●福祉施設

教会や市庁舎、ギルドホールなどと並んで中世の都市で設立された「公共」施設に、上述した施療院がある。中世社会では、孤児、寡婦、病人など「キリストの貧者」と呼ばれた社会的弱者を保護し、救済することはキリスト教会の務めであった。中世初期以来、司教や修道院がそうした救済活動にかかわってきた。一二世紀以降の都市社会の発展の中で、経済的貧富の差が拡大し、恒常的な貧民の存在が顕著になると、本来修道院や教会に付属する施設であった施療院が俗人（貴族や市民）により個別の施設として創建されるようになった。そうした慈善施設の早期の発展をみたフランドル都市（ヘントやブルッヘ）では、一二世紀後半から富裕市民の寄進により聖ヨハネ施療院をはじめとする数多くの施療院が、巡礼、貧民、病人、病気・老齢の職人などを受け入れる施設として設立され、都市当局（参審人団体）によって管理された。

パリにおいても、パリ司教の管轄の下で中世初期に設立された「神の家《オテル・デュー》」の他に、一三世紀以降になると、聖ジャック巡礼兄弟会施療院のような、有力市民の寄進によって創設された施設が現れる。この時期以降の施療院は、単なる教会の付属施設から独立した都市の新たな公共建築としての性格をもつようになるのである。

施療院の活動は、巡礼、捨子、貧民、病人などの受け入れと世話であったが、特に重要な役目は、施療院への寄進者や亡くなった寄進者の救霊のためのミサと祈りであった。都市民は、施療院への喜捨とその見返りに施療院において行われた貧者たちの祈りを通じて、来世における彼らの魂の安寧と現世における

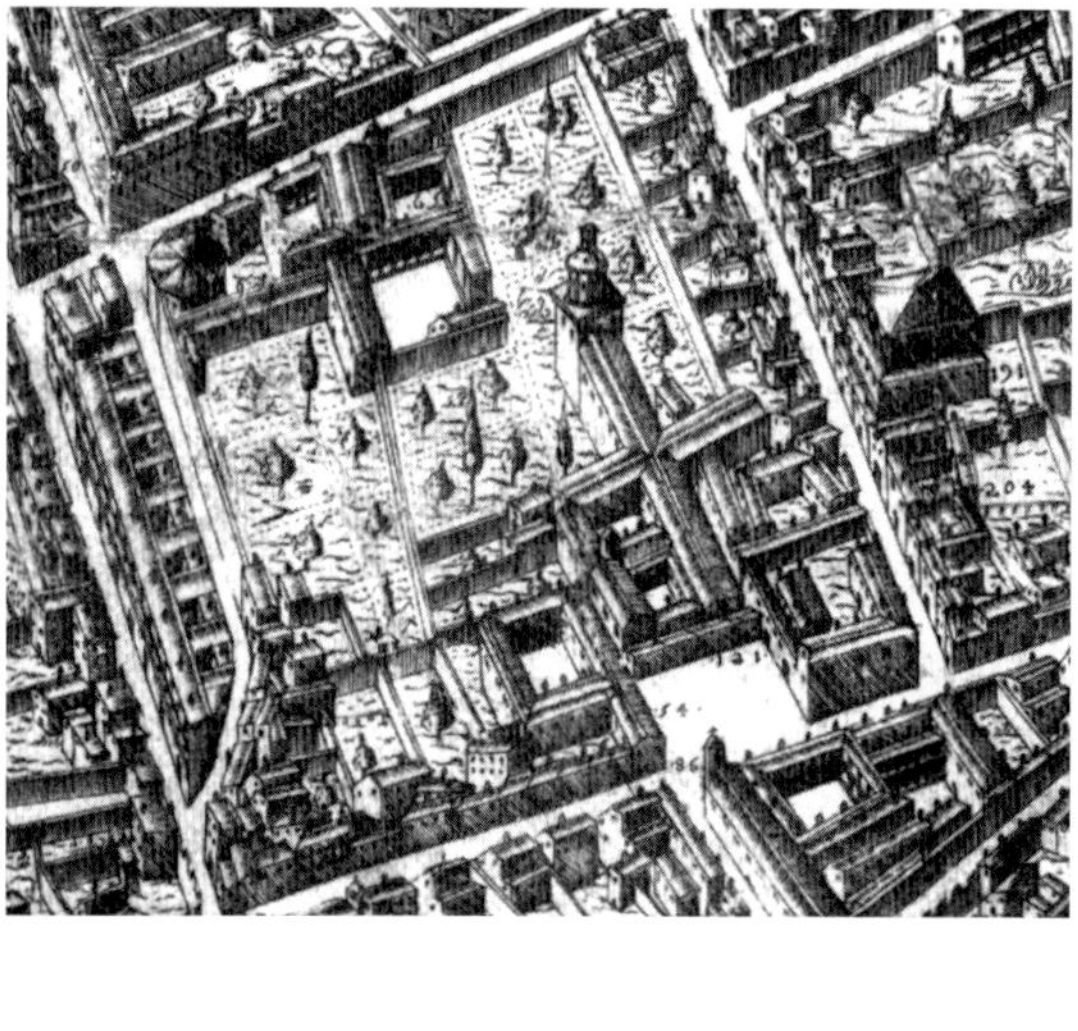

右：サンタ・マリア・ヌォーヴァ施療院（一四四五年頃）。
左：同施療院の鳥瞰図（ステファノ・ボンシニョーリ画「フィレンツェ都市図」一五八四年）から。

物故者の記憶の永続化を期待することができたのであり、そこにはいわば現世における「富者」と「貧者」、「生者」と「死者」を相互に結びつける霊的な慈愛のネットワークが形作

られたのである。こうした施療院は、ハンセン病施療院を除き、「貧者」とされた多様な弱者を受け入れる多義的な性格をもつ施設であったものが多いが、一四世紀以降になると、後述するようなさまざまな社会変動を背景に増加した捨子、悔悛した娼婦、視覚障碍者など特定の弱者や病人を受け入れた施設や、同業組合が病や怪我によって貧困化した仲間のために設けた施設など、受け入れの対象を特化していく傾向がみられる。

ボーヌのオテル・デュー内部。

この点で、ヨーロッパの都市の中でもっとも注目に値するのがフィレンツェの事例である。フィレンツェでは、都市人口の増加にともなって、一三世紀後半から施療院建設の波が高まった。一三四八年の黒死病（ペスト）襲来以前に約三〇の施療院が、一四二七年のカタスト（資産台帳）の記録では、三五の施設が記録されている。その中で、有力商人であったポルティナーリ家によって一二八八年に設立されたサンタ・マリア・ヌォーヴァ施療院は、一四世紀前半のうちに病人のみを世話する医療活動に特化し、一五世紀には二三〇床のベッドと一〇〇名以上の医療スタッフをかかえ、毎月三〇〇人以上の病人を受け入れるヨーロッパ最大の医療施設となっていた。また、その他にも、絹織物商ギルドや両替商ギルドなど有力な同業組合により設立・管理されたオルバテッロ施療院（寡婦）や、インノチェンティ、サンタ・マリア・デッラ・スカーラ、サン・ガッロ（孤児・捨子）などの専門施設の整備が進んだのである。特にインノチェンティ捨子養育院は、一四一九〜二六年、アヌンツィアータ広場前に、著名な建築家ブルネレスキの設計によって建てられた新たなルネサンス様式の建物として注目される。一五五〇年までにフィレンツェで設立された施療院は、全部で六八を数え、ルネサンス文化が開花しつつあった一五、一六世紀のフィレンツェは、当時のヨーロッパ都市社会における病院建築の先進的なモデルとなっていた。施療院は、カテドラルや市庁舎といった石造りの巨大建築ではなかったが、キリスト教的中世都市の精神を特徴づけるシンボリックな社会施設としてその存在意義は大きいものであった。また、一五世紀のブルゴーニュ公国では、ブルゴーニュ公の宮廷の官房長であったニコラ・ロランの寄進によってボーヌの町に建てられた「神の家」（オテル・デュー）も、その建築的美学において優れた建物であった。

インノチェンティ捨子養育院の正面。

4●災厄

中世中期以降、都市は、戦争や民衆反乱といった政治・社会的不和による人為的な暴力的騒乱によって脅かされるとともに、飢饉や疫病、火災のような災厄にもしばしば見舞われていた。一四世紀になると、ヨーロッパは小氷河期と呼ばれる気候の寒冷化を迎え、凶作・飢饉によりしばしば農村が荒廃し、土地や家畜を放棄した農民たちが近郊の都市へと流入していった。地域により差はあるものの、飢饉は、一四〜一五世紀を通じて断続的に生じており、平均寿命が五〇歳に満たなかったとみられる中世の人々の一生において、五〜六年に一度は、飢饉の年があると言われるほどであった。都市では、穀物（パン）や肉類などの食料品価格が高騰し、また栄養状態の悪化した人々を伝染病のチフスや麦角《ばっかく》中毒が襲った。こうした飢饉と疫病の相乗効果により、一四世紀前半にヨーロッパの多くの都市で死者が急増した。さらに一三四〇年代後半から断続的に一五世紀後半にかけて流行した黒死病（ペスト）の衝撃は、都市社会に甚大な影響を及ぼし、若年層を中心にヨーロッパの人口の三分の一以上が失われる結果となった。ヨーロッパ全域で世帯主の高齢化や女性の死亡率の増加により、夫婦の年齢差が広がり家族の再編成が進んだのである。

スイスのベルンで起きた火災を消火する人々。
（1405年。スイス、ベルン市立図書館）

　洪水や地震などの自然災害や火災などにより、都市内の家屋と人命が失われることもしばしばであった。一三〜一四世紀のイタリアの年代記（アダムのサリンベーネやジョヴァンニ・ヴィッラーニなど）は、中部・北部イタリアの諸都市がしばしばそうした災害に見舞われていたことを伝えている。中世後期のイタリアの都市では、依然として木造の家屋が多く、密集して建てられていたため、火災による被害もきわめて大きかった。フィレンツェでは、一四世紀前半だけで四〇回の火災を蒙《こうむ》っていた。このような戦争、飢饉、疫病、火災をはじめとして不可避的に中世社会を襲ったカタストロフは、農村と同様都市で暮らす人々にとって絶えざる脅威であり続けたと言えるだろう。

5●情報伝達——音に結ばれた世界

（声、説教、鐘、喇叭）

　本章の最後に、中世の都市生活を活気づけていたコミュニケーション、すなわち人々の意思疎通とその手段についてみてみよう。中世都市では、農村に比べ、文字（文書）による情報の認識と伝達が行われたことは確かである。都市の特権や義務、商人同士の取引の記録や契約や書簡など、特に南ヨーロッパを中心にローマ時代からの「文書主義」が存続した地域では、制定法に基づく文書による権利の確認、主張は一般的であった。しかし、ローマ的伝統を必ずしも継承しなかったアルプス以北の北部ヨーロッパにおいては、長らく口頭による証言をよりどころとした慣習法的伝統が存続し、文書による確認行為が重要となるのは、一二世紀以降の都市の発展のなかであったと言える。

　しかし、都市の日常において人々は、文字によるよりもむしろ音（声）を媒介にして生活を営んでいたと言えよう。街路や市場では、さまざまな物売り（商人）の声が響き、それぞれ職種に固有の響き、イントネーションによって商品をアピールし、客を引き寄せた。守護聖人の祝祭日に開かれた祭りでは、楽師による楽器演奏と吟遊詩人たちの語りがあり、また都市の街路や広場にしつらえられた舞台では、同職組合のメンバーによる受難劇やイエスの生誕祝いなどさまざまな主題の演劇が身振りと台詞を交えて演じられた。

　一三世紀に出現した托鉢修道会士によって都市の広場で行われた説教活動が、都市民の霊的救いと商人・職人たちの都市での労働の再評価を含み、市民の共感を得たことは、すでにふれたところである。市民たちはフランシスコ会士やドミニコ会士の説教に耳を傾け、競って托鉢修道会に財を寄進した。こうした托鉢修道士の説教は、いくつかのイタリア都市ではその場で筆録され、後世に残された。私たちは、当時最大のメディアのひとつであった説教の内容を、そうした記録された説教集から知ることができる。一五世紀のシエナの聖ベルナルディーノのカンポ広場における説教はとりわけ有名であり、多くの男女の聴衆を広場に集めたのであった（大黒俊二『嘘と貪欲——西欧中世の商業・商人観』）。

聖ベルナルディーノが、シエナの聖フランチェスコ教会前の広場で説教を行っている。（一四二七年のサーノ・ディ・ピエトロによるパネル画。シエナ大聖堂）

　説教の内容をはじめ、都市で起こったさまざまな出来事や紛争について、真偽は別として、人々は口頭伝達としての「噂」を通じて多くの情報を獲得した。それらの情報は、一都市を超えて広範な地域へとジョングルールや商人をはじめとする「移動する人々」によっても伝えられ、流布していったのである。

　また、王や都市当局などの為政者は、触れ役を通じて都市民に布告を伝達した。特に、王令や都市の条例、裁判の判決などは、広場で役人により読みあげられたのである。人々の招集のためには、都市の鐘やトランペット（喇叭《らっぱ》）が鳴らされた。

　都市の自治の象徴であった鐘楼に設置された鐘は、さまざまな鳴らし方により、都市の人々の労働の時間を規定し、市門の開閉、市場の開始と終了のほか、外敵の襲来、反乱や火災の危険、裁判・集会の開始などを告知した。鐘を鳴らす権利は、自治都市や聖俗（王や教会）の権力者に属しており、音を媒介にした口頭コミュニケーションが中世都市生活を支えていたと言えるであろう。

騎馬の触れ役と同伴したトランペッター。国王からの命令を知らせる触れ役と合図の信号を吹き鳴らすトランペッターによって公の告知（ここでは休戦協定）がなされた。トランペットにつけられた紋章入りの旗は、フランス国王のものである。

都市における処刑とそれを告げるトランペッター。死刑執行を告げるトランペッターが処刑台の左奥に見える。（フラヴィウス・ヨセフス『ユダヤ戦記』の挿絵。パリ、フランス国立図書館）

column 5

聖マルティヌス兄弟会と貧民救済

中・近世ヨーロッパにおいては、数多くの兄弟会（兄弟団）と総称される俗人による自発的宗教団体が生まれた。兄弟会は、それぞれ独自の守護聖人をもち、特定の教会に彼らの守護聖人の崇敬のための礼拝堂を置いて、物故会員の魂の救済のための祈りの他、さまざまな信心の活動を行った。とりわけ南ヨーロッパのイタリアやスペインにおいては、都市ごとに数多くの兄弟会が誕生し、中世から近世・近代へかけてその性格を変えつつ存続していった。ここでは、一五世紀のフィレンツェで活動したユニークな兄弟会のひとつとして、聖マルティヌス兄弟会を取り上げよう。

聖マルティヌス兄弟会と貧民救済。兄弟会は貧しい市民家庭を訪問し、その貧困状態を調査した。（フィレンツェ、オルサンミケーレ礼拝堂）

フィレンツェでは、一三世紀から一五世紀にかけて一五〇以上の兄弟会が設立されている。そのなかで、聖マルティヌス兄弟会は、貧者への施しで知られる四世紀のトゥールの聖マルティヌス（マルタン）を守護聖人として一四四二年に設立された。当初、メンバーは、キリストの一二使徒にちなむ「一二人の良き者たち」によって構成された。聖マルティヌス兄弟会の規約から、この兄弟会は、毎月の守護聖人のための宗教的儀礼活動の他に、「恥を知る貧者」のための救貧活動を主な務めとしていたことが知られている。「恥を知る貧者」とは、もともと零落した貴族・上層市民で、「貧困を恥じてあえて物乞いをしない者たち」を意味していたが、一五世紀のフィレンツェでは、むしろさまざまな理由で一時的な貧困に陥った中産層以下の者たちであったようである。この兄弟会は、実際、没落した貴族などではなく、都市の中産手工業者世帯や子持ちの寡婦を対象としてさまざまな物資を配給していたのである。一四六〇年代には、フィレンツェの二二九世帯について、世帯主と家族構成（子供数）、住所と職業、年齢などを詳細に記録し、毎週各世帯に直接パンやワイン、布、現金（貨幣）を分配していたことが、会計簿の記録から明らかになっている。

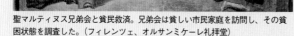

フィレンツェでは、一四世紀にすでにオルサンミケーレ兄弟会により、多くの下層民に対する救済活動が行われていたが、聖マルティヌス兄弟会は、その救済対象を限定し、貧民（下層民）というよりもむしろ子供のいる中産家族世帯や寡婦の世帯を重点的に援助したことに特色がある。一五世紀のフィレンツェでは、病人専用の施設（サンタ・マリア・ヌォーヴァ）や捨子養育院（インノチェンティ）、養老施設、救貧活動中心の兄弟会（ミゼルコルディア）など、さまざまな医療・福祉組織が対象ごとに専門化しており、聖マルティヌス兄弟会もまた中産市民世帯の救貧活動に特化した組織として、フィレンツェ都市社会において重要な役割を果たしたのである。

聖マルティヌス兄弟会が、一五世紀のフィレンツェを支配したメディチ家のコジモおよびロレンツォのイニシアティブによって支えられていたことにも注目しておこう。コジモ・デ・メディチは、創建期（一四四〇～五〇年代）の聖マルティヌス兄弟会への寄進の半分以上を負担するなど、兄弟会の活動に財政面で大きな貢献をなした。他方、孫のロレンツォは、一四七〇年代以降、兄弟団の最有力メンバーとして活動の主導権を握っていた。彼は、聖マルティヌス兄弟会による援助の多くが、メディチ家の政治的支持者（クリエンテーラ）の世帯に与えられるよう努めており、一五世紀後半のフィレンツェを牛耳っていたメディチ家にとって、こうした慈善組織の掌握がメディチ家支持者とのインフォーマルな絆の強化を促進すると同時に、貧困に起因するフィレンツェ市内の社会不安を抑制し、都市秩序の安定化を意図した方策となっていたと考えられている。貧民の社会的規制という近世以降国家によって担われていくことになる社会政策は、一五世紀のフィレンツェ社会においてすでにその萌芽をみていたと言えるだろう。前近代の社会福祉の歴史において、イタリアの兄弟会による慈善・救貧活動はきわめて注目に値するが、フィレンツェの聖マルティヌス兄弟会は、まさしくそうした兄弟会の最良のモデルの一例をなしているのである。

兄弟会は毎週貧しい市民家庭を訪問し、パンやワインを配給した。
（フィレンツェ、オルサンミケーレ礼拝堂）

兄弟会は産褥の女性を訪問し、布や鶏などの必要品を配った。
（フィレンツェ、オルサンミケーレ礼拝堂）

column 6

中世都市の風紀規制
——奢侈条例をめぐって

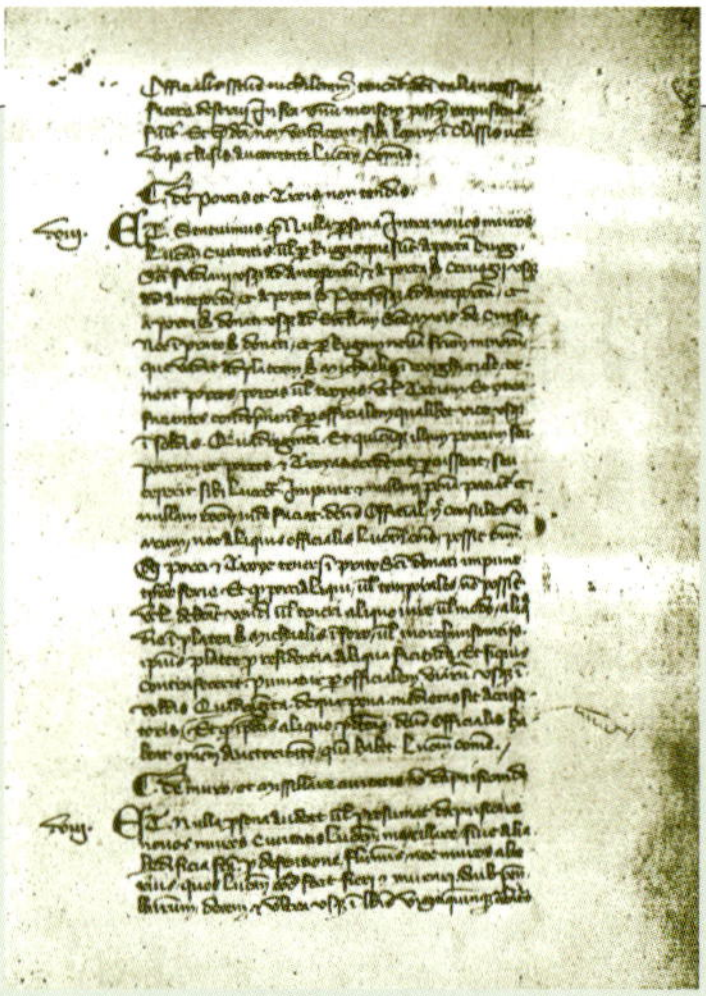
ルッカの1342年の都市条例写本（コピー）。

中世イタリアをはじめ多くの都市で発布された都市条例のひとつに、市民の贅沢を規制する後見的色彩の強い奢侈条例（sumptuary law）と呼ばれる条例がある。奢侈条例は、近世以降になると国家や領邦単位で出されるようになるが、中世においてはとりわけ都市で発布された条例として独自の性格をもっていた。

奢侈条例は、イタリアのジェノヴァやヴェネツィアにおいてすでに一二世紀末から発布されているが、特に一四世紀以降ヨーロッパの各地の都市で現れる。中世後期は、都市共同体による秩序と統合の模索期であり、社会的規範の生成期であったことから、秩序と統合、差別と排除という過程の両面に同時に寄与したのが奢侈条例であったと考えられる。

奢侈条例は、その多くが都市の生活領域に関する規制として出されており、衣服条例、婚礼条例、舞踏条例など特定の規制対象に応じて都市当局によって発布された。ドイツでは、奢侈条例は、中世後期の都市における共同体内部の経済的、身分的格差の著しい広がりのなかで、消費生活の野放図な発展に一定の枠をはめつつ、上層市民の消費の差異化を許容し、都市社会内部の身分的差異を強化する方向に向けるという意図があった。また、都市共同体内部における良好な人間関係の維持など都市全体の経済的、社会的秩序の安定を目指す都市当局の積極的な意思のもとで、発布されたとされている。と同時に、都市共同体の安定や社会的統合のための内部規範に同化しえない人々に対する、差別と排除を可視化する手段ともなった。とりわけ後者の機能は、中世後期のヨーロッパにおける娼婦やユダヤ人、ハンセン病者、犯罪者、貧民など、いわゆる「周縁集団」の形成と彼らに対する「不名誉な印」の強制とも密接にかかわっていたのである。

イタリア都市では、特にヴェネツィアとフィレンツェを筆頭として一三世紀半ば以降、ヨーロッパ諸都市のなかでも群を抜いて数多く奢侈条例が発布されてきた。そこでは、ドイツ中世都市とは異なり、女性の贅沢な衣装（帽子、靴、衣服、手袋、ベールなど）や装飾品（指輪、イヤリング、宝飾品など）の規制に関する詳細な規定が顕著な傾向としてみられること、また、女性のみならず若い男性の服装に関するモラル規制の強化がみられることなどが特徴的である。他方、「中央集権的国家」への道を歩み始めていたイングランドやフランス、スペインなどでは、王権による奢侈規制（勅令）が中心であり、個別都市が奢侈条例制定において積極的な役割を果たしたケースはまれであった。

中世都市における奢侈条例は、集権的権力の形成が遅れたドイツ、イタリア諸都市では、都市当局が試みた後見的モラル、秩序規制であり、建築条例、貧民条例などと並んで近代国家に先立って都市により担われた後見的、社会的統制の試みであったと言えるだろう。

第8章　衣食住

1●農村の家々

ノルマンディー地方の伝統的な藁葺き農家。
（フランス、サン・シュルピス・ド・グランブヴィル、ウール県。Wikipédia française, chaumière）

　現存する中世農家の建物はまれであるうえに、その内部などは、のちの時代に改築されていることが多い。中世の農家の姿をより広く知るためには、黒死病後に放棄された廃村などの考古学発掘の成果に頼るしかない。

　フランスにおける中世農家に関する考古学研究の事実上の創始者だったジャン・マリ・プゼは、農家の建材として、一二～一三世紀までの文書史料には石材しか出てこないのに対して、その後は木材しか出てこないことを指摘している。一〇世紀までのフランク時代の農家が木造土壁藁葺きの掘立て小屋だったことは、これまでの考古学発掘からもよく知られていることなので、プゼは、珍しい建材が史料で好んで語られたと考えて、一三世紀頃を農家の建材が木材から石材に変わった転換点だとした。

　石材が豊富で、古代ローマ以来の石造建築の伝統がある地中海沿岸地方では石造化も早かったことだろうが、農家の場合、石造と言っても、教会や城とは違って、大きな直方体の石灰岩の切石を石灰モルタルを使って隙間なく積み上げることなどはなく、地元で手に入る小さな石をそのまま積むのが普通だった。石材に恵まれない地方では、引き続き木造農家も多かったが、そのような場合でも、もはや掘立て小屋ではない。一四世紀以降には、土台や一階部分の壁は石材で作り、その上部には、複雑な木組み（柱、梁、筋違《すじかい》など）を壁面に出し、その間をレンガや壁土などで埋める構造（ハーフティンバー）なども現れるようになった。屋根もかなり高さのある切妻式になり、藁葺きだけでなく、平たい石や素焼きの瓦でも葺かれるようになる。こうして、現存する前近代の農家の形へ近づいていくのである。

　家の構造は比較的単純で、長辺が十数メートル、短辺が数メートルの直方体に切妻屋根を載せる形が標準的だったが、その規模には大きな差があった。自ら耕す耕地をもたない小屋住み農民などの場合には、床面積にすると十数平方メートル程度の狭さだったようだが、その一方で、長辺が三〇メートルに達する大型建物も少なくなかった。このような構造の農家は、英語では、「長い家《ロング・ハウス》」と呼ばれている。

　一二世紀頃からは、内部が壁によって二つに仕切られるようになる。入口のある広い側

キャバレの中世集落で発掘された家。キャバレ（フランス、オード県）は、1229年に陥落したカタリ派の城のひとつであるラストゥール城の周囲に営まれた「鷲の巣村」。横長の長方形で、2間から構成されていることが分かる。（著者撮影）

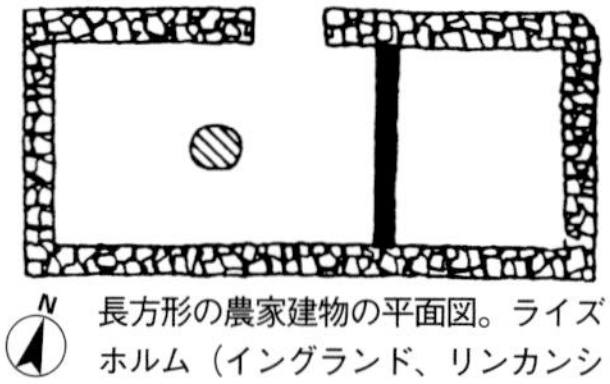

長方形の農家建物の平面図。ライズホルム（イングランド、リンカンシャー）の事例。左側の居間の中央にあるのは囲炉裏。右側が寝室。

が居間兼台所となり、囲炉裏が設けられたり、仕切り壁に面して暖炉が設けられたのに対して、狭い方は寝室となった。一三世紀頃からは、仕切りが増えて三部屋になることも多い。このような二〜三部屋からなる横長の建物が、中世ヨーロッパの農家の基本形となった。

ベルネ村（フランス、モルビアン県）で発掘された家畜同居型農家の復元想像図。

そのほかの農家の形態は、そこからのヴァリエーションとみなすとわかりやすい。

まず、牧畜が盛んな地方では、家畜小屋がそこに組み込まれることが多い。「長い家」の場合には、居間・台所側の広いスペースの中央に突き抜けの通路を通して、その向こう側を家畜小屋にした。移動放牧を行う地域では、このような農家の形が一般的だった。さらに、中世後期に牛馬、羊と山羊などの家畜の飼育が経営的に重要になると、ネーデルラントやフランドル地方などでは、農家と家畜小屋がより複雑な形で一体化した建物が広く見られた。写本挿絵などに、その様子がしばしば描かれている。

地中海沿岸の丘の上に設けられた城下町的な集落の場合には、敷地面積が狭いため、農家の建物もより立方体に近い形になり、二階や半地下室が設けられることもあったが、農村では一般に、二階建てはまれだった。中世都市では珍しくなかった二階建ての建物も、農村では裕福な農家に限られていて、彼らの社会的ステイタスを象徴するものと考えられていたのである。

他方、一三世紀頃からは、裕福な農家の場合には、広い敷地に複数の建物を並べて、村から独立した農場を形成することも始まっていた。これは、母屋である長方形建物の正面の中庭を取り囲むように、納屋や家畜小屋などを配置するもので、付属施設の合計床面積の方が母屋よりも広かった。全体を塀で

写本挿絵に描かれたフランドルの農家と家畜小屋。（1520年頃。ニューヨーク、モルガン図書館）

ジャンヌ・ダルクの生家。15世紀の大規模農家で、2階建て、1階には4室ある。裕福な家だったことがわかる。（フランス、ヴォージュ県、ドンレミ・ラ・ピュセル）

近隣のモン・サン・ジャンの領主によって経営されていたル・モン農場の発掘写真。中庭を中心に4つの大型の建物が並んでいたが、14世紀末に放棄された。最大の建物の内部面積は約550平方メートル。（フランス、コート・ドール県、シャルニィ）

囲めば、現在の大型農場の姿とほとんど変わりがない。イングランドの平野部では、一六世紀半ばまでに単一の長方形建物からなる農家は消滅して、みなこのような農場に発展していった。ヨーマンと呼ばれる独立自営農民の農場の多くはこのような姿をしていたのである。

いずれの形をとるにせよ、家のなかでは、部屋の中央で火を焚く囲炉裏にせよ、壁面に煙突を設けて排気する暖炉にせよ、火を焚き調理を行う場所が、「家のなかの家」と呼ばれる中心的な空間となった。フランスでは、家屋を単位として一四世紀から課せられるようになった戸別税が、「炉《フール》」という語に由来する「炉税《ファージュ》」と呼ばれていたが、このことは家屋と炉が同一視されていたことを物語っている。

もっとも、壁面に煙突をもつ暖炉があることはまれで、家のなかはかなり煙かった。また、湿気を外に出すための風通しよりも、冬の寒気の流入を防ぐことが重視されたために、開口部は少なく、出入口以外には小窓かスリット状の細長い窓がわずかにあるだけだった。そのために昼間でも屋内は薄暗かった。窓ガラスはまだ農村では普及しておらず、せいぜい布などが張られていただけだったと思われる。ただし、出入口には木製の扉が設けられていた。農家の遺跡の入口部分の敷居を観察すると、石材の段差からそのことがうかがえることがある。屋内の床面は、土間であることが普通だった。

このように、農家の居住性は明らかに良くなかった。低い経済水準だけでなく、建築資材が身近なものに限られていたことや、村には石工も大工もおらず、農民が自分自身で家を建てたが故の稚拙な建築技術など、農家の建物には、王侯貴族や都市民の住居とは全く異なる背景があったのだった。

2●都市の町家

都市の職人や商人は、通りに面した仕事場や店の窓越しに通行人に見られながら仕事を行った。商店は、飾り台に商品を陳列して商いを行ったのである。

都市の住民の住居は、一二世紀から一三世紀にかけて大きな変化を遂げた。中世初期には、都市の家屋も一部屋だけのものが多く、農村の家屋と大差なかった。しかし、都市の人口が増加し、都市の土地の価値の上昇とともに、そこに建つ家屋も改良されていった。都市の住居は、平屋から二階建てないし三階建てへと変化し、一三世紀後半までに煙突と暖炉を備えた木組みの構造の建物となった。中世後期のパリでは、五～六階建ての木造の

暖炉の前での一家団欒。円錐形のフードと煙突が見える。（15世紀後半。パリ、フランス国立図書館）

13世紀後半にカンタベリーで制作されたと推定されている写本では、暖炉ではなく、たき火のような囲炉裏が用いられている。（オクスフォード、コーパス・クリスティ・カレッジ）

農事暦の2月は、炉にあたりながら濡れて凍えた足を温める情景が定番だ。『ベリー公のいとも豪華な時禱書』では、木造の農家の壁面に石造りの暖炉とその煙突が設けられていて、屋根の煙突からは煙が立ち昇っている。（1415年頃制作。シャンティイ［フランス］、コンデ美術館）

住居も珍しくなかった。そうした建物は、フロアごとにさまざまな世帯が入る集合住宅となっている場合が多かった。一例を挙げよう。パリのシテ島にあった施療院（オテル・デュー）の一五世紀（一四二二〜三六年）の会計記録によれば、同施療院が所有していたシテ島の比較的貧しい小教区内の、ある五階建て家屋の家賃（年額）は四八スー、そして最上階の五階（屋根裏）部分は三二スーで、階上に上がるにしたがって安くなっていた。実際、地下室と屋根裏部屋は特に家賃が安く、貧しい奉公人や賃金労働者などが居住していたと考えられている。

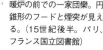

中世都市の家屋は、通常三〜五メートルの幅と奥行き二〇〜三〇メートル程度の敷地に壁を接する形でブロックごとに連続して建てられた。五メートルの幅は、中世においては柱なしで木組みの壁を支えることのできる最大の長さであったからである。家の奥には、たいていの場合、庭園や菜園そして便所が設けられていた。都市貴族や富裕な商人の館ははるかに大きく、石造りで地下室や塔を備えていた。先述した一五世紀フランスの大商人ジャック・クールやブルゴーニュ公にも仕えたブルッへの都市貴族ロードウェイク・フルートフースの邸宅などはその代表的建築と言えよう。

都市の土地の価格は高く、たとえば一二世紀のミラノにおいて、都市の土地の価格は、周辺の農村部の土地の三六倍と見積もられていた。都市の土地の所有者とその上の建物の所有者は、別々の場合も多く、上述のシテ島の賃貸家屋のように、パリでは一軒の家屋が

ドラシィの中世村落遺跡（14世紀）に残る農家のスリット状の細長い窓を内部から見た写真。現、ボービニィ村（フランス、コート・ドール県）。右上：同じ家の復元模型。2カ所開いている細い窓のうち、右側が左の写真の中央の窓。右下：ドラシィの別の農家の敷居と壁面に残る暖炉。（著者撮影）

街路の店。現在に残る中世の店舗。スポレート（イタリア）。

中世の家並み。上：13世紀のパリの街並み。ジャン・ブルディションのミニアチュール。下：イーペル木造家屋。フランドル都市イーペルにおいて20世紀まで残っていた木造家屋。非常にまれなケースといえる。

街路の店。石畳の通りに連なって洋服屋、毛皮屋、床屋、薬種商の店が立ち並んでいる。（1500～08年。ジル・ド・ローム『君主の統治の書』より。北フランス）（パリ、アルスナル図書館）

多くの賃貸人によって居住されることが一般的であったのである。

3●服飾と家財道具

中世ヨーロッパの服飾や家財道具の歴史が語られることは多くない。貴族ではない庶民の服飾などについてはわからない点も少なくないが、単なるファッションや道具としてだけではなく、それを作り、身にまとい用いた人々の歴史として見ると、身分や経済とのかかわりなどさまざまなことが結びついてくる。しかし、紙面の制約上、ここでは、中世の庶民の服装と家財道具について簡単に概観してみよう。

古代以来の伝統として、一二世紀頃までの衣服では、聖職者も含めて、貴族と庶民の身分上の違いや性差などが見られず、皆、フランス語ではブリオーと呼ばれる、足首にまで届く長い裾のチュニックを着ていた。ただし、戦士と農民だけは、体を効率的に動かすために、腰までのチュニックとラテン語でブラカと呼ばれるズボンを身につけていた。このブラカは、ケルトないしゲルマン起源の衣服である。

一二世紀末から一三世紀になると、それまでひだが多く取られゆったりしたデザインだったブリオーが、コットという袖や胴体部が体に密着した服に変化し、同時に丈も短くなっていく。その下には、男性の場合、ブレー（ブラカから派生したフランス語）と呼ばれる、亜麻布製の下着的なズボンをはいていた。当時の農民を描いた写本挿絵では、農民のコットは膝丈であり、頭髪を覆う帽子や頭巾をかぶり、足には脚絆を付けたり、短靴を履いていた様子が描かれている。

一三四〇年代に、貴族層の男性服について、さらに大きな変化が到来する。コットが短くなり、現在と同じような前開きの上着（プールポワン）になるとともに、それまでの靴下（ショース）が上に長くなり、股下で左右が合体して、タイツのような形の下半身の服となった。女性の服については、そのような上下の分割は見られないが、胸の部分をV字形に切り開き、紐やボタンで留めるようになった。

これに対して、庶民の男性服の場合には、短着化の傾向は弱く、比較的長いチュニックと膝下まで覆うブレーが外着となり、用いられ続けた。このあたりから、服装における身分差が現れるのである。女性服の場合には、男性服より長いチュニックが着用され続け、男性服

13世紀半ばの庶民の男性服。長いコットとブレーを着用している。平民の靴の先は、貴族ほど細長くはない。これは、実用上の理由と同時に、両者の身分差の表現だったようだ。（13世紀半ば。ニューヨーク、モルガン図書館）

庭で語らう貴族の男女。服装上の性差がはっきりしている。（1462～70年。パリ、アルスナル図書館）

との違いとなった。ギャルド・ローブと呼ばれる白い前掛けも、女性固有の服装であり、その後、庶民が着るヨーロッパの民族衣装として定着することになる。一五世紀初めに制作された『ベリー公のいとも豪華な時祷書』の六月の干し草刈りの場面では、そのような男女服が見られるが、一部の服に男女ともに胸の部分の切れ込みがある点に、当時の服装全体の変化が反映されている。

　このように、一四〜一五世紀に、貴族と平民の身分の違いが強調されるようになると、デザインとともに、素材の違いによってもそれが表現された。平民の場合には、地元産の原毛で織られた中・下級品の毛織物、亜麻や木綿と羊毛との混紡、粗悪な亜麻布が使われたほか、毛皮でも、北方から輸入される銀リスやアーミンなどの高級品ではなく、野ウサギ、キツネ、カワウソ、羊や山羊などの身近な素材が用いられた。また、庶民の場合には、所有する着物の数も少なく、同じ服を着続けることが多かった。

　装飾品についても、庶民は高価なものは所有していなかったが、中世末になると、都市で働く職人などの間では、帽子、ポーチや財布、ベルトなどが購入されるようになる。女性のためのリボンやレース、ボタンなども含めて、これらの安価な小物類の消費は一六世紀以降、さらに発展していくことになる。

　これらの服飾品も含めて、一四世紀頃の庶民はどれくらいの家財道具をもっていたのだろうか。遺産相続の際に作られた財産目録がそのための恰好の史料となる。

　一三八三年一月に作成された、北イタリアのロマーニャ地方の三ヘクタールほどの農地を所有する、ある貧しい農民の財産目録では、農具以外に、小樽、ポプラ材の大きな長櫃、鍵のついたクルミ材の大箱、ポプラ材の大テーブル、桶二つ、大鍋、羽根布団と亜麻布のカバー、破けていて汚い青い亜麻布の掛布団、亜麻布のカバー付き羽根枕、破けたナプキン、テーブルクロス、シーツ二枚（そのうちの一枚は破けている）、銅製の入れ物、鉢と小鉢と肉切り皿が各七つ、木製の桶、大ナイフ、布の切れ端が挙げられている。

　ここに出てくる鍵のついた大箱や長櫃は、中世後期には庶民の世帯にも広く普及していた。これらはいずれも上蓋式の物入れであり、これがヨーロッパの家具の出発点となり、その後、前開きの扉や引き出しが付いたタンス

『ベリー公のいとも豪華な時禱書』の六月の場面。先に挙げた二月の場面（一一四頁）と合わせて、農民の服装に注目。（一四一一五年頃制作。シャンティイ［フランス］、コンデ美術館）

に発展していった。ここには、ベッドや椅子など、あるべきはずの家具がないし、農民の世帯としても、服などの繊維製品の少なさが際立っているので、このほかにも大箱で保管していた物品があったのかもしれない。しかし、それらを補っても、現在からは想像できないほどの簡素な生活を送っていたと言える。

長櫃。左右に上げ蓋がある大型のもの。
（1284〜1310年。パリ、クリュニー中世美術館）

4●庶民の食事

肉食を避けて簡素な食事を理想とする聖職者や、それとは逆に、狩猟の獲物など、獣肉をふんだんに食べていた世俗貴族と比べた時、労働者である農民や都市民の通常の食事はどのようなものだったのだろうか。

まず、中世ヨーロッパの食事内容の前提として、この時代独特の食物観があった。神のいます天に近いという理由から高いところにあるのが尊い食材であり、逆に低いところ、とりわけ土中にあるのはもっとも卑しい食物であると考えられていたのである。動物では、空を飛ぶ鳥が尊ばれ、地面を掘り返す豚は軽蔑の対象だった。植物では、樹木の枝に実る果物が最上で、地表に生える植物がそれに次ぎ、最低は土中にあるカブ、大根、タマネギ、ニンニクなどの根菜だった。このような食物観のもとで、下位に位置する食材から庶民の食事は作られていた。

大きな暖炉、ガラス窓、テーブルクロスの掛かった大型食卓、ガラス器、女中の存在などが示すとおり、裕福な都市民の食事風景。パイ包み料理も美味しそうだ。暖炉の前の主人席の長椅子は、背の部分が可動式になっていて、暖炉の方を向いて座ることもできるようになっていた。（1500年頃。パリ、フランス国立図書館）

彼らの食事の内容を知る手がかりは少ない。まず考えられるのは、鹿や猪を対象とする狩猟が貴族階級に独占されていたので、平民には、せいぜいのところ野ウサギを獲るくらいしか許されていなかったということである。このため、庶民のための肉としては、ジビエは含まれるはずもなく、主に豚だった。これに、家禽類、羊や牛が付け加わったのである。冬の備蓄食料として、秋の終わりに豚を屠殺する風景は、農村の風物詩だった。

冬には十分な暖房もないうえに、屋外での肉体労働に従事した彼らが必要なカロリーを摂取するためには、穀物から摂るしかなかった。そのための食物は、まず第一にパンであり、それに次いで、大麦などから作られる麦芽醸造酒だった。

パンの消費量は、現在から見ると桁違いに

家族の食事。暖炉で煮込んだポタージュをよそっている。（一三九〇〜一四〇〇年。パリ、フランス国立図書館）

大きかった。今のフランスパンのバゲットで言うと、一人当たり毎日二、三本は食べていたのである。しかし、その内容には農村と都市で違いがあった。都市では、貧しい人々の間でも小麦の白いパンが消費されることが多かったのに対して、農村では、ライ麦のみならず、スペルト小麦やキビなどの雑穀もパンに用いられた。さらには、イタリアやフランス中部の山岳地方では、麦の代用品として栗が重要な作物であり、飢饉の時には重宝された。

　ワインとともに、エールとかセルヴォワーズ、ビールなど、原材料によっていくつかの呼称がある麦芽醸造酒も毎日一リットルを超える分量で飲まれた。しかし、飢饉の時には、製パン以外に麦を使うことが禁じられたため、麦芽醸造酒は造れなくなる。このような事情もあり、イベリア半島北部、フランスのノルマンディー地方やブルターニュ地方、イングランドのサセックスやケントなど、リンゴが豊富な地域では、麦芽醸造酒の代わりにリンゴの果汁を発酵させた醸造酒が造られた。

　農家だけでなく庶民の家では、家の中心に囲炉裏や暖炉があって、そこが暖かさの源であると同時に、調理の場でもあった。寒い季節だけでなく、夏の農繁期にも、そこでは常時火が焚かれて、自在鉤に吊るされた金属製の丸鍋や炉床に置かれた三本足の陶製の鉢の

肉屋の店先での牛の屠殺。眉間をハンマーで叩いた。（15世紀後半。パリ、フランス国立図書館）

豚の屠殺。集めた血もソーセージにして食べられた。豚と言っても、イノシシのようだ。（1482〜85年頃。パリ、フランス国立図書館）

農民の屋外での昼食。（16世紀初め。ロンドン、大英図書館）

なかで、ポタージュなどと呼ばれた煮込み料理が作られた。貴族のメニューの中心がローストされた焼き肉だったのに対して、庶民の日常の食事は、野菜や豆類と少量の肉の煮込み料理とそれに浸して食べるパン、オート・ミールのような粥からなっていたのである。

　他方、職人や学生などの独身男性が多く住んでいた都市では、屋台店や街路の立ち売りから、でき立てのタルトやパテ、揚げパイからガチョウのローストまで買うことができた。中世版ファースト・フードである。

パン屋兼酒屋。（15世紀。パリ、フランス国立図書館）

　中世に限ったことではないが、キリスト教の習慣で、毎週金曜日のほかに、復活祭前の四旬節などは断食日とされ、肉を避けて魚を食べることが勧められた。一四世紀末にパリ市民によって書かれた家事指南書である『メナジエ・ド・パリ』では、コイ、ウナギ、タラ、サバ、エイなどの調理法が説明されている。しかし、庶民の場合には、高価だった肉や魚の消費がそもそも多くなかったことを考えると、断食日とそうでない日との差はあまり大きくなかったことだろう。また、胡椒やシナモンなどの高価な香辛料や砂糖も用いられなかったが、塩以外に、ブドウやリンゴなどの果汁や酢などは用いられていたと思われる。

　また、一二～一三世紀のフランスとイタリアの農事暦（第四章コラム2を参照）を比較すると、フランスの農民の食事風景ではパンが多く描かれるのに対して、イタリアでは、野菜や果物がモチーフとなることが多いと言われる。中世のフランスでは、貴族社会でも野菜を食べることはあまり多くなかったが、一六世紀以降、イタリア料理の影響下に、果物（柑橘類、メロン等）や野菜（アーティチョーク、アスパラガス等）の摂取が流行することを考えると、すでに中世でも、国ごとの食生活の個性が現れていることは興味深い。

中世の魚料理の復元。上：ウナギの串焼き。後ろの水差しは、14世紀のもの。下：チョウザメ、サケ、カワカマスなど大型の魚を用いた豪華料理。1匹の魚が、油で揚げる、焼く、茹でるという3種類の調理法で料理されている。

column 7

中世フランスの石造の町家——クリュニーとフィジャック

クリュニーに残る中世の町家。アーチが地面に近いところから立ち上がっているのが、12世紀の町家の特徴。（著者撮影）

ルーアン（フランス、セーヌ・マリティム県）のバルテルミー広場に残されているハーフティンバー式の町家（15世紀）。このような家々は、北部フランス、イングランド、ドイツなど各地に残されている。イングランドなどでは、20世紀初頭にそのリバイバルも起こるので、街角観察の時には注意が必要だ。（著者撮影）

現在のヨーロッパで、一一〇〇年以前に遡る町家はほぼ存在しないと言われている。現存最古の家は、一二世紀ということになるが、中部フランスの修道院門前町クリュニー（ソーヌ・エ・ロワール県）には、その一二世紀に建てられた町家が五〇軒以上も残されている。そして、それらの家の二階のロマネスク式の窓の形が、同時代の教会建築の開口部に似ていることも面白いが、それについてはすでに別の機会に説明したので、今ここでは、一階の開口部の形について説明しよう。

中世ヨーロッパの町家の場合、ごく大雑把に言うと、北の地域では木造、フランス中部から地中海沿岸では石造であることが多い。

前者の典型例は、フランスのノルマンディー地方やイングランドなどに数多く残るハーフティンバー式の町家である。この場合、一階の土台や柱は石造であることが多いが、二階以上は、木造の梁や柱、筋違の間を漆喰やレンガで埋めて建てられている。そして、窓や一階の戸口と店舗開口部の上辺では、水平に置かれた太い木製の梁が上からかかる重量を支えている。それが可能なのは、二階以上の建材が石材ではなく木材だからであり、二階以上も石灰石などの重い石材でできている場合は、そのようなわけにはいかなかった。

これに対して、古代以来の石造建築の技術が伝えられていたと想像されるフランス中南部などに残されている町家では、もっぱら石材が用いられている。そして、二階以上の石材の重量を支えるには、木材の梁では不十分であり、石造アーチでこれを支えるしかないのである。その際に用いられた建築様式は、一二世紀半ば当時、それまでのロマネスク式に代わって新たに登場したゴシック式だった。

クリュニーに残る町家は、「ロマネスク式の家」と一般に呼ばれているものの、実は、一階の店舗部分には、このような初期ゴシック式の尖頭アーチが用いられている。ちなみに、最初のゴシック式建物として、パリ近郊のサン・ドニ修道院の後陣が完成したのは一一四四年なので、この頃から、ロマネスク式からゴシック式への転換が始まっていた。クリュニーの町家は、二階窓にはロマネスク式、一階開口部には新しいゴシック式の要素を取り入れているのである。また、クリュニー修道院では、一〇八八年から一一三〇年にかけて「クリュニー第三聖堂」と呼ばれる、当時、ローマ・カトリック世界最大の教会が建設されていたので、もしかすると、そこで働いていた石工親方たちが動員されたのかもしれない。

さらに、このようなゴシック式開口部をもつ町家は、クリュニーよりも南のフランス中南部各地の都市に残されている。これまで著者が観察してきた限りでは、クリュニー修道院が中心となって組織された北スペインのサンティアゴ・デ・コンポステラへの巡礼路沿いの都市などに、その残存例が多いように思われる。

そのような都市の代表がフィジャック（ロット県）だ。ここも、クリュニーと同様、修道院の門前町として栄えたことが背景としてあるのかもしれない。サン・ソヴール旧修道院教会とシャンポリオン広場を中心として、かつて囲壁に守られていた領域のいたるところに残されている中世の家々を巡り歩いていると、今が二一世紀であることを忘れてしまうほどだ。

シャンポリオン広場という名前は、この町で生まれ、ロゼッタ・ストーンから古代エジプトのヒエログリフを解読したことで名高いジャン・フランソワ・シャンポリオン（一七九〇～一八三二年）にちなんでいる。この広場に面した建物のなかでもっとも目を引くのが、まるで教会のような趣《おもむき》の一四世紀初めの大商人の家だ。現在の壁面は、一九九〇年に中世の状態に復元されたものだが、これを見ると、ゴシック式教会の身廊の構成（下から、アーケード、トリフォリウム、高窓）とまるで同じであることに気づく。

さらにまた、公共建築物の一階部分には、これと同じようなゴシック式のアーケード列が用いられることが多い。それは、南フランスだけでなくヨーロッパ各地に及んでいる。こうして考えると、同時代の教会建築で育まれた建築技術が、庶民の家から公共建築物にいたる世俗の建物に広く用いられていることがよくわかる。

フィジャックに残る中世の家々。キャヴィアル通り。（著者撮影）

フィジャック、シャンポリオン広場5番地の家。（著者撮影）

マルテル（フランス、ロット県）に残るレイモンディ館（1330年頃完成）。この都市を支配した国王役人の居館。公共建築に見られるゴシック式アーケード列の一例。（著者撮影）

column 8

中世都市貴族の邸宅——ブルッヘのフルートフース邸とブラーデリン邸

中世都市の有力者の家は、一三世紀以降、石造りの邸宅が主流となっていった。フランドル地方の都市ブルッヘにおいて都市貴族の館はどのようなものであったろうか。ブルッヘでは、今日までその姿を残している一五世紀の都市貴族の代表的邸宅として、フルートフース邸とブラーデリン邸を挙げることができるだろう。

　フルートフース家は、一三世紀以来、フランドル伯に仕えた有力地方貴族であり、ブルッヘ周辺に広大な領地を保有し、ビール醸造の際に用いられる薫草《くんそう》（grut）の販売の独占的権利を代々保持してきた。同家の家名となったフルートフースとは、もともとこの薫草が貯蔵されていた倉庫（gruuthuis）に由来している。一四二五年に、当主だったヤン・フルートフースがその建物を壮麗な後期ゴシック様式の邸宅に改装した。ブルッヘのノートル・ダム教会に隣接したこのレンガ造りの壮麗な館は、ヤンの息子で、ブルゴーニュ公シャルル・ル・テメレール（一四三三～七七年）の側近で外交役としても活躍したロードウェイク・ファン・フルートフース、別名ルイ・ド・ブリュージュ（一四二七頃～九二年）の時代に、ブルッヘにおける有数の個人邸宅であった。建物は、四階建てで部屋数は二七室あり、そのうち礼拝用の小部屋は、隣接するノートル・ダム教会の北側の壁とつながっており、邸宅から出ることなく、礼拝室から直接教会のミサにあずかれるよう教会内部が見下ろせる窓を備えていた。

　この館は、一六世紀以降もフルートフース家によって代々維持され、中世都市貴族の館の豊かさと雰囲気を今日に伝えている。

フルートフース邸。15世紀に後期ゴシック様式で建てられた邸宅で、ノートル・ダム教会に隣接しており、現在は15世紀から19世紀までのブルッヘの歴史を物語る楽器やコイン、衣装などさまざまなコレクションを展示する博物館となっている。

現在は、市立博物館となっており、一五世紀から一九世紀にかけてブルッヘで作られたタペストリーや、クラヴサン（チェンバロ）などの楽器類、中世のコインのコレクションなどが展示されている。ロードウェイクは蔵書家であり、彩色写本のコレクターとしても著名であった。そのコレクションの一部も同館で見ることができる。

ブラーデリン邸の中庭。ピーテル・ブラーデリンが1435～40年に建てた邸宅。

　他方、ブラーデリン邸（Hof Bladelin）は、ブルッヘの中心に位置する大広場（フローテ・マルクト）の北東方面の商業地区の一角にある。この邸宅は、都市の収入役で、のちにブルゴーニュ公フィリップ・ル・ボンのブルッヘの宮廷（Prinsenhof）の財務管理者を務めたピーテル・ブラーデリン（一四一〇～七二年）が、一四三五～四〇年に建てたものである。尖塔とフランドル風の破風を備えたこの豪華な後期ゴシック様式の邸宅は、その後一四六六年に、フィレンツェのメディチ銀行のブルッヘ支店として借り上げられ、中庭部分がイタリア・ルネサンス風に改装された。一四六九年にはピエロ・デ・メディチの息子のロレンツォと彼の妻クラリチェ・オルシーニの肖像が、中庭に面した壁に飾られたのである。

　ブラーデリンは、ブルゴーニュ公フィリップに重用され、宮廷役人として、財政・外交の両面において活躍した人物である。晩年は、ブルッヘの東二〇キロの場所に位置する彼の所領の中に、彼自身が建設した小都市ミッデルブルフへと移り住んだ。ブルッヘ市内の彼の邸宅は、一四七二年にメディチ銀行に売却され、当時メディチ銀行のブルッヘ支配人であったトンマーゾ・ポルティナーリによって以後半世紀にわたって居住された。その後、この邸宅は、金羊毛騎士団のメンバーの一員であったファン・フィエンヌ家によって購入され、近代には新古典主義様式の礼拝堂の追加などさまざまな改装が施されながら、現在まで残されており、ブルッヘにおいて、イタリア・ルネサンスの雰囲気を感じさせる数少ない建物となっている。

あとがき

これまで八章にわたって中世ヨーロッパの農村と都市の日常生活を垣間見せてくれるさまざまな図像を紹介しながら、人々の暮らしを見てきた。中世という時代に記述され、描かれ、保存されてきた彩色写本や公文書だけではなく、現代に残る中世の農村や都市の家屋やさまざまな遺構の写真を、著者自身による撮影も含めて取り入れることで、中世ヨーロッパの庶民の姿と彼らの暮らしていた環境をイメージしていただけたのではないかと思う。中世ヨーロッパの社会は三つの身分（祈る者、戦う者、働く者）に分けられていたが、その中で人口の大半を占めた「働く者」すなわち農民や商工業者の姿に焦点を当てることで、前近代ヨーロッパ社会の風景を浮かび上がらせることができたとすれば何よりである。国王や貴族の生活の場となった城については、この図説シリーズで別途取り上げられる予定であり、本図説では割愛した。「騎士」については、すでに本図説で刊行されている池上俊一『騎士の世界』を参照していただきたい。

ひとがどのように日々の生活を過ごしていたか、現代においてさえ、日常生活の詳細な再構成は、実は非常に難しい。あたりまえの日常の多くが記録されないことは、私たちの日々の生活を顧みても明らかだろう。詳しい日記をつけている人でも、一日一日の出来事をすべて記録することは不可能である。したがって私たちが、遠い過去の世界の人々の暮らしをこと細かく再現するのにはおのずと限界があり、あくまでもその生活の一断面を残された史料から切り取ってわずかな事象を語っているにすぎない。

とはいえ、本書で主に扱われた中世盛期以降のヨーロッパの世界は、日本史では鎌倉時代から室町時代に相当し、日本でもヨーロッパでも武士や騎士という戦士階級が権力を握ると同時に、農民や商工業者も盛んに活動した躍動の時代だった。比較史の観点からみても、ヨーロッパ中世に関して数多く残されている図像史料を通してこの時代の姿を再現しようとすることは、意義あるものと言えるだろう。日本の中世についても同様な図説の刊行が大いに期待される。

また、この十数年の間に史料のデジタル化やインターネット上での公開が進む中で、中世ヨーロッパの図像史料の整理や解読についても顕著な進展がみられたほか、中世考古学や日常生活史に関する文献も大幅に増加している。本書もそうした内外の成果に多くを負っている。

本書は河原温と堀越宏一の共同執筆であり、第一部は堀越、第二部は河原が担当し、第三部第七章は河原、第八章は堀越が主に担当した。また、執筆が当初の予定より大幅に遅れたにもかかわらず、本書の出版にあたっては、企画段階から編集部の渡辺史絵氏に、さらにそのあとを引き継がれた岩崎奈菜氏に多大なご助力をいただいた。記して感謝したい。

河原　温
堀越宏一

Boucicaut, Dijon, 2000.
Collart, J. -L. & Talon, M., *Fouilles et découvertes en Picardie*, Rennes, 2011.
Comte, S., *Everyday Life in the Middle Ages*, Genève, 1978.
Dalarun, J. (éd.), *Le Moyen Âge en lumière*, Paris, 2002.
Delort, R., *Le Moyen Âge. Histoire illustrée de la vie quotidienne*, Lausanne, 1972.
Delort, R., *La vie au Moyen Âge*, Lausanne, 1983.
Démians d'Archimbaud, G., *Rougiers (Var). Village médiéval déserté*, Paris, 1987.
Dubourg, J., *Bastides*, Rennes, 2004.
Dyer, C., *Standards of Living in the later Middle Ages. Social Change in England c. 1200-1520*, Cambridge, 1989.
Dyer, C., *Everyday Life in Medieval England*, London 1994, 2000, New York, 2000.
Dyer, C., *Making a Living in the Middle Ages. The People of Britain 850-1520*, London, 2002/2003.
Flandrin, J. -L. & Lambert, C., *Fêtes gourmandes au Moyen Âge*, Paris, 1998.
Furgoni, C., *A Day in a Medieval City*, Chicago, 2005.
Gautier, M. -E. (éd.), *Splendeur de l'enluminure. Le Roi René et les livres*, Arles, 2009.
Gousset, M. -T., *Enluminures médiévales*, Paris, 2005.
Hägelman, D., Verhulst, A., Schneider, R. e. a., *Het dagelijks leven in de Middeleeuwen*, Baarn, 2001.
De Hamel, C., *Une histoire des manuscrits enluminés*, Paris, 1995.
Hurard, S. & Cottiaux, R. (éd.), *Fouilles et découvertes en Île-de-France*, Rennes, 2013.
Kühnel, H., *Alltag im Spätmittelalter*, Wien, 1984.
Lagorce, P., *Mémoire en images. Le pays de Beaulieu-sur-Dordogne*, Saint-Cyr-sur-Loire, 2006.
Laurioux, B., *Le Moyen Âge à table*, Paris, 1989.
Lefranc, R., *Le Palais des Papes d'Avignon*, Rennes, 2011.
Le Goff, J., *Un Moyen Âge en images*, Paris, 2000.
Le Goff, J., *Le Moyen Âge expliqué en images*, Paris, 2013.
Leguay, J. -P., *Vivre en ville au Moyen Âge*, Paris, 2006.
Leguay, J. -P., *Vivre dans les villes bretonnes au Moyen Âge*, Rennes, 2009.
Mane, P., *La vie dans les campagnes au Moyen Âge à travers les calendriers*, Paris, 2004.
Menez, Y. & Hinguant, S., *Fouilles et découvertes en Bretagne*, Rennes, 2010.
Panouillé, J. -P., *Les châteaux forts dans la France du Moyen Âge*, Rennes, 2003.
Prin, R., *Aulnay d'ombre et de lumière*, [St-Simon de Pellouaille], 2009.
Riis, T. (ed.), *Aspects of Poverty in Early Modern Europe*, Klett-Cotta, 1981.
Schubert, E., *Essen und Trinken im Mittelalter*, Darmstadt, 2006.
Singman, J., *Daily Life in Medieval Europe*, Westport/London, 1999.
Sivéry, G., *Terroirs et communautés rurales dans l'Europe occidentale au Moyen Âge*, Lille, 1990.
Starn. R., *Ambrogio Lorenzetti. The Palazzo Pubblico, Siena*, New York, 1994.
Unterkircher, F., *Tacuinum sanitatis in medicina. Codex Vindobonensis Series nova 2644 der Österreichischen Nationalbibliothek*, Graz, 2004.
Volpe, G., *La vita medioevale Italiana nella miniatura*, Rome, 1968.
Musée de Cluny. A Guide, Paris, 2009.
Un village au temps de Charlemagne, Paris, 1988.

参考文献・図版引用文献一覧

阿部謹也『ハーメルンの笛吹き男——伝説とその世界』ちくま文庫、1988年（初版、平凡社、1974年）
阿部謹也『中世を旅する人びと——ヨーロッパ庶民生活点描』ちくま学芸文庫、2008年（初版、平凡社、1978年）
阿部謹也『中世の窓から』朝日新聞社、1981年
池上俊一『シエナ——夢見るゴシック都市』中央公論新社、2001年
井上泰男『西欧文化の条件』講談社現代新書、1979年
河原温『中世ヨーロッパの都市世界』山川出版社、1996年
河原温『ブリュージュ——フランドルの輝ける宝石』中央公論新社、2006年
河原温『都市の創造力』（ヨーロッパの中世・第2巻）岩波書店、2009年
木島俊介『ヨーロッパ中世の四季』中央公論社、1983年
木村尚三郎『西欧文明の原像』講談社学術文庫、1988年（初版、講談社、1974年）
佐藤彰一・池上俊一『西ヨーロッパ世界の形成』（世界の歴史・第10巻）中公文庫、2008年（初版、中央公論社、1997年）
清水廣一郎『中世イタリア商人の世界——ルネサンス前夜の年代記』平凡社ライブラリー、1993年（初版、平凡社、1982年）
高橋友子『路地裏のルネサンス』中公新書、2004年
深井晃子監修『世界服飾史』美術出版社、1998年
堀越宏一『中世ヨーロッパの農村世界』山川出版社、1997年
堀越宏一『ものと技術の弁証法』（ヨーロッパの中世・第5巻）岩波書店、2009年
F. イシェ『絵解き中世のヨーロッパ』原書房、2003年
J. ヴェルドン『図説　夜の中世史』原書房、1995年
J. & F. ギース『中世ヨーロッパの城の生活』講談社学術文庫、2005年
J. & F. ギース『中世ヨーロッパの都市の生活』講談社学術文庫、2006年
J. & F. ギース『中世ヨーロッパの農村の生活』講談社学術文庫、2008年
J. & F. ギース『大聖堂・製鉄・水車——中世ヨーロッパのテクノロジー』講談社学術文庫、2012年
J. & F. ギース『中世ヨーロッパの家族』講談社学術文庫、2013年
H. -W. ゲッツ『中世の日常生活』中央公論社、1989年
N. ゴンティエ『中世都市と暴力』白水社、1999年
F. ザイプト『図説中世の光と影』全2巻、原書房、1996年
H. シッパーゲス『中世の患者』人文書院、1993年
E. シューベルト『名もなき中世人の日常』八坂書房、2005年
G. ドークール『中世ヨーロッパの生活』文庫クセジュ、白水社、1975年
E. パウア『中世に生きる人々』東京大学出版会、1969年
A. フランクラン『排出する都市 パリ』悠書館、2007年
C. フルゴーニ『ロレンツェッティ兄弟』東京書籍、1994年
C. フルゴーニ『ヨーロッパ中世ものづくし——メガネから羅針盤まで』岩波書店、2010年
H. プレティヒャ『中世への旅・都市と庶民』白水社、2002年
R. フォシェ『ヨーロッパ中世社会と農民』杉山書店、1987年
E. ボールズ『15世紀の音楽生活』（人間と音楽の歴史Ⅲ・第8巻）、音楽之友社、1986年
A. ボルスト『中世の巷にて——環境・共同体・生活形式』全2巻、平凡社、1986・1987年
O. ボルスト『中世ヨーロッパ生活誌』全2巻、白水社、1998年
C. メクゼーパー、E. シュラウト共編『ドイツ中世の日常生活』刀水書房、1995年
M. モンタナーリ『ヨーロッパの食文化』平凡社、1999年
S. ルー『中世パリの生活史』原書店、2004年
J. -P. ルゲ『中世の道』白水社、1991年
E. ル・ロワ・ラデュリ『モンタイユー——ピレネーの村 1294～1324』全2巻、刀水書房、1990・1991年
W. レーゼナー『農民のヨーロッパ』平凡社、1995年
B. ロリウー『中世ヨーロッパ・食の生活史』原書房、2003年

Bartlett, R. (ed.), *Medieval Panorama*, Los Angeles, 2001. (R. バートレット『図解ヨーロッパ中世文化誌百科』全2巻、原書房、2008年)
Basing, P., *Trades and Crafts in Medieval Manuscripts*, London, 1990.
Beck, P. (éd.), *Une ferme seigneuriale au XIVe siècle. La grange du Mont (Charny, Côte-d'Or)*, Paris, 1989.
Beresford, M. W. & St Joseph, J. K. S., *Medieval England. An Aerial Survey*, Second Edition, Cambridge, 1979.
Boglioni, P., Delort, R., Gauvard, C. (éd.), *Le petit peuple dans l'Occident Médiéval*, Paris, 2002.
Bouet, P. & Dosdat, M. (éd.), *Manuscrits et enluminures dans le monde normand (Xe-XVe siècles)*, Caen, 1999/2005.
Bousmanne, B. & Delcourt, T. (éd.), *Miniatures flamandes, 1404-1482*, Paris, 2011.
Brown, M. P., *The World of the Luttrell Psalter*, London, 2006.
Cardini, F., *La société médiévale*, Paris, 2012.
Carpentier, V., Ghesquière, E. & Marcigny, C., *Archéologie en Normandie*, Rennes, 2007.
Cassagnes-Brouquet, S., *Les métiers au Moyen Âge*, Rennes, 2008.
Cassagnes-Brouquet, S., *La vie des femmes au Moyen Âge*, Rennes, 2009.
Cazelles, R., *Les très Riches Heures du duc de Berry*, Lausanne/Paris, 1988.
Cazes, J. -P., Aperçu sur les origines et la formation de quelques villages médiévaux en Lauragais, dans *Morphogenèse du village médiéval (IXe-XIIe siècles)*, Montpellier, 1996.
Chapelot J. & Fossier, R., *Le village et la maison au Moyen Âge*, Paris, 1980
Châtelet, A., *L'Âge d'or du manuscrit à peintures en France au temps de Charles VI et Les Heures du Maréchal*

◉著者略歴

河原温（かわはら・あつし）
序章、第二部、第三部第七章1・3〜5節、第八章2節、コラム3〜6・8　担当

一九五七年東京都生まれ。東京大学大学院人文科学研究科西洋史専攻博士課程中退。現在、放送大学教養学部教授、首都大学東京名誉教授。専門は中世ネーデルラントを中心とする都市史、社会史。著書に『中世ヨーロッパの都市世界』（山川出版社）、『中世フランドルの都市と社会』（中央大学出版部）、『ブリュージュ』（中公新書）、『ヨーロッパの中世2　都市の創造力』（岩波書店）などがある。

堀越宏一（ほりこし・こういち）
第一部、第三部第七章2節、第八章1・3・4節、コラム1・2・7　担当

一九五七年東京都生まれ。ナンシー第二大学大学院歴史学博士課程修了。現在、早稲田大学教授。専門はフランス中世・近世史。著書に『中世ヨーロッパの農村世界』（山川出版社）、『中世ヨーロッパ生活誌』（日本放送出版協会）、『ヨーロッパの中世5　ものと技術の弁証法』（岩波書店）などがある。

ふくろうの本

図説　中世ヨーロッパの暮らし

二〇一五年二月二八日初版発行
二〇一八年二月二〇日3刷発行

著者……………………河原温・堀越宏一
装幀・デザイン………ヒロ工房
発行者…………………小野寺優
発行……………………株式会社河出書房新社
〒一五一－〇〇五一
東京都渋谷区千駄ヶ谷二－三二－二
電話　〇三－三四〇四－一二〇一（営業）
　　　〇三－三四〇四－八六一一（編集）
http://www.kawade.co.jp/
印刷……………………大日本印刷株式会社
製本……………………加藤製本株式会社

Printed in Japan
ISBN978-4-309-76227-2
落丁・乱丁本はお取替えいたします。